Nicole Weiß

FAMILIE HYGGELIG

Ordnung und Gemütlichkeit im Familienalltag

INHALT

WAS IST EIGENTLICH HYGGE?

Der Begriff Hygge stammt aus Dänemark, dessen Bewohner zu den glücklichsten der Welt zählen. Hyggelig bedeutet so viel wie lauschig, traut, heimelig oder eben einfach gemütlich. Hygge ist aber noch so viel mehr. Es ist ein Lebensgefühl, eine Philosophie, die dein Leben bereichert und dich einfach glücklich macht. Tatsächlich ist es gar nicht so schwer, dieses dänische Lebensgefühl zu lernen, denn über die richtigen Voraussetzungen für Hygge verfügt eigentlich jeder Mensch.

Das Schöne ist, dass Hygge herrlich unkompliziert ist. Beruht es doch darauf, dass wir das wahre Glück in den einfachen Freuden des Alltags finden. Hygge bedeutet, sich in seinem Zuhause wohlzufühlen und sich dort mit schönen Dingen zu umgeben, die einem guttun. Gleichzeitig geht es aber auch darum, minimalistischer oder besser gesagt bewusster zu leben und öfter mal das Tempo rauszunehmen. Das betrifft heute sogar schon unsere Kinder. Die Welt ist komplex und die Anforderungen an uns Eltern sind hoch. Umso wichtiger ist es für die ganze Familie, einen Wohlfühlort zu haben, an dem sich alle so richtig gut fühlen und wieder auftanken können.

Ein hyggeliges Familienleben ist ein einfach gutes Leben, in dem Nachhaltigkeit und der Kontakt zur Natur einen wichtigen Platz einnehmen. Es ist ein Leben für Selbermacher und Glücksschmiede. Gerade für Familien bietet Hygge eine wunderbare Möglichkeit, wieder in besserem Kontakt zu sich selbst und zu seinen Lieben zu sein, das Familienleben zu entschleunigen und entspannt zu gestalten.

Wie funktioniert dieses Buch?

Ich möchte dir mit diesem Buch helfen, ein Zuhause zu schaffen, das zu dir und deiner Familie passt, mit nicht zu viel und nicht zu wenig Dingen darin, sondern so, dass es sich für euch genau richtig anfühlt. Umgebt euch mit dem, was ihr liebt. Lasst den Rest gehen.

Dieses Buch soll euch außerdem helfen, euch bewusst auf die schönen Dinge und kleinen Glücksmomente im Leben zu konzentrieren und die kleinen, schönen Momente des Alltags zu zelebrieren und zu genießen.

Hygge lebt davon, dass man sich Zeit lässt. Darum soll dieses Buch euch über ein ganzes Jahr begleiten, sodass ihr genügend Zeit habt, positive Veränderungen umzusetzen und Hygge in euren Alltag zu integrieren. In 52 Wochen holt ihr euch Stück für Stück mehr Hygge in euer Familienleben.

Dabei dreht sich alles um Gemütlichkeit, Ordnung, Einfachheit, Gemeinschaft, Gastfreundschaft, Schönes und Nützliches für euren Alltag. Du lernst neue Routinen für einen entspannten Familienalltag kennen und bekommst Anregungen für schöne gemeinsame Aktivitäten. Ich möchte dir zeigen, wie du das Hygge-Lebensgefühl sofort praktisch umsetzen kannst, und zwar so, dass die ganze Familie davon profitiert.

Hygge bedeutet so viel mehr als nur Kerzenschein und Kuscheldecken und lässt sich in jeder Jahreszeit verwirklichen. Für jede Woche des Jahres findest du zwei Anregungen aus den Bereichen Selbermachen (DIY), Gute Gewohnheiten und Ordnung.

Um mit deinem Hygge-Jahr zu starten, musst du aber nicht auf den ersten Januar warten. Du kannst jederzeit einsteigen. Ich würde dir allerdings empfehlen, zuallererst dein Veränderungstagebuch (siehe Woche 1) anzulegen, das dich das Jahr über begleiten wird. Dann kannst du zur aktuellen Kalenderwoche wechseln und dich Woche für Woche inspirieren lassen und mit praktischen Ordnungsideen, schönen DIY-Projekten und neuen guten Gewohnheiten deinen Familienalltag hyggeliger gestalten.

DIY – Selbermachen

Etwas mit den eigenen Händen zu schaffen ist einfach hyggelig. Ihr könnt euer Zuhause nach und nach selbst gestalten und das gute Gefühl genießen, von praktischen und schönen Lieblingsstücken umgeben zu sein, die ihr selbst mit Liebe gemacht habt. In solche gemeinsamen Familienprojekte kann sich jedes Familienmitglied mit seinen Fähigkeiten und Neigungen einbringen.

Von der Arbeit mit Holz über Nähprojekte und Upcycling-Ideen bis hin zu selbst hergestellten Putzmitteln – hier sind bestimmt viele passende Ideen für deine Familie dabei. Und falls du dich handwerklich noch nicht allzu geschickt fühlst, wäre das doch eine prima Gelegenheit, sich von lieben Freunden, Familienmitgliedern oder Nachbarn den einen oder anderen Kniff zeigen zu lassen. Damit stärkst du nicht nur dein handwerkliches Können, sondern auch die Beziehung zu den Menschen in deiner Umgebung.

Selbstverständlich kannst du alle vorgeschlagenen Ideen an deinen eigenen Geschmack anpassen. Und sollte dir ein Projekt einmal gar nicht zusagen, dann setze in dieser Woche doch einfach deine ganz eigene Idee um. Betrachte meine Vorschläge als Anregungen und Richtschnur, nicht als Zwangsweste.

Jede Familie ist individuell mit unterschiedlichem Tagesablauf, Vorlieben und Abneigungen, Werten und Zielen. Genau das macht euch unverwechselbar und einzigartig. Auch wenn ihr bisher vielleicht noch wenig Erfahrung im Selbermachen habt, bin ich sicher, dass das eine Bereicherung für eure Familie sein wird. Zusammen zu werkeln und gemeinsame Ideen umzusetzen, wird euch als Familie noch enger zusammenschweißen und für jede Menge Spaß sorgen.

Und als Belohnung für eure Mühen werdet ihr gemütliche Accessoires, nützliche Ordnungshelfer und persönliche Geschenke für eure Lieben in den Händen halten, die euch hyggelige Glücksgefühle schenken.

Gute Gewohnheiten

Gute Gewohnheiten sind die Geheimwaffen für einen entspannten Familienalltag. Jeder Erfolg und jede positive Veränderung in unserem Leben entsteht im Prinzip aus vielen kleinen Gewohnheiten.

Es sind also weniger die großen, einmaligen Dinge, die uns im Leben erfolgreich und glücklich machen. Vielmehr tragen unsere Gewohnheiten dazu bei, also die Dinge, die wir immer wieder und wieder ganz automatisch tun. Deswegen ist es ein guter Weg zu mehr Glück und Zufriedenheit, positive Gewohnheiten aufzubauen.

Das Tolle an solchen Gewohnheiten oder Routinen ist, dass sie nach einer gewissen Zeit ganz automatisch ablaufen, ohne dass du darüber nachdenken musst. Das bedeutet, dass du, wenn du eine Gewohnheit in deinen Alltag integriert hast, kaum mehr Energie darauf verwenden musst.

Wenn du es dir z. B. zur Gewohnheit gemacht hast, jeden Morgen die Betten zu machen, dann wirst du diese Aufgabe jeden Tag erledigen, ohne weiter darüber nachzudenken, es ist einfach ganz normal für dich und gehört fest zum Tagesablauf dazu.

Das Gleiche passiert, wenn ihr in der Familie einen Nachmittag oder Abend zur Spielezeit erklärt und eine schöne gemeinsame Zeit mit euren liebsten Brettspielen verbringt. Nach ein paar Wochen gehört dieses Ritual fest zu eurer Woche und hilft euch ganz automatisch dabei, der wertvollen Familienzeit den hohen Stellenwert zu geben, den sie verdient hat.

Vom Regelmäßig-Freunde-Einladen über eine tägliche Aufräumroutine bis zum entspannten Gutenachtritual für Eltern und Kinder findest du in diesem Buch viele konkrete Vorschläge, wie du dir die Macht der guten Gewohnheiten für ein hyggeliges Familienleben zunutze machen kannst.

Ordnung

Ordnung ist vielleicht nicht das Erste, was einem in den Sinn kommt, wenn man an Hygge denkt. Aufräumen und sauber machen sind für die meisten von uns doch eher ungeliebte Tätigkeiten.

Aber: Eine unaufgeräumte Wohnung mit Bergen an Spielzeug auf dem Boden, vollgestopften Schränken und Regalen und Kram auf jeder horizontalen Oberfläche wirkt nicht nur optisch unruhig, sondern sorgt für jede Menge Stress und Chaos im Kopf. Je mehr Unordnung in einem Zuhause herrscht, desto mehr Zündstoff gibt es außerdem in der Familie und Auseinandersetzungen zum Thema aufräumen sind an der Tagesordnung. So kann keine gemütliche Wohlfühlstimmung aufkommen.

Das ist der Grund, warum du in diesem Buch auch Tipps zum Thema Ordnung und Minimalismus findest. Ein realistischer, familienalltagstauglicher Minimalismus und Gemütlichkeit schließen sich nämlich keineswegs aus. Wenn du deine Schränke ausgemistet hast, den Kleiderschrank sortiert und dich von unnötigem Ballast getrennt hast, wirst du dich in deinen vier Wänden sehr viel wohler fühlen. Ordnung in der Wohnung sorgt für Klarheit im Kopf.

Schaffe Platz für die Dinge, die du brauchst, die dir wichtig sind und die du schön findest. Ein angenehmer Nebeneffekt ist: Wer weniger hat, muss weniger aufräumen und putzen. Die gewonnene Zeit kannst du dafür nutzen, viele schöne Hygge-Momente mit deiner Familie und deinen Freunden zu genießen.

Die Bewertung von Gegenständen in deiner Umgebung (Brauche ich das? Mag ich das? Nutze ich das?) hilft dir auch dabei, dich mehr mit dem Kern der Dinge zu beschäftigen und dir über entscheidende Fragen klar zu werden: Was ist mir und meiner Familie wichtig? Worauf legen wir Wert? Wie wollen wir unsere Zeit verbringen?

Du siehst: Ordnung muss kein notwendiges Übel sein, sondern kann dich deinem Ziel, einem hyggeligen Familienalltag, ein gutes Stück näher bringen.

Nicole Weiß – Dreifach-Mama, Bloggerin, Buchautorin

Noch vor ein paar Jahren dachte ich, ich sei die einzige Mama auf der Welt, die es einfach nicht auf die Reihe kriegt und die ihr Mamasein nicht genießen kann. Umgeben von Stapeln an schmutzigem Geschirr und endlosen Wäschebergen war ich nur damit beschäftigt, permanent Spielzeug, Schuhe, Jacken, Bücher und Sonstiges aufzuräumen. Bis ich beschloss, die Dinge in die Hand zu nehmen und mir mein Leben zurückzuerobern.

Also machte ich mich an die Arbeit. Ich fing an, meine eigenen Routinen zu schaffen, mir gute Gewohnheiten anzueignen und überflüssigen Ballast loszuwerden. Unser Haus habe ich Schritt für Schritt und Raum für Raum geordnet, das Gerümpel rausgeworfen und alles den Bedürfnissen meiner Familie entsprechend organisiert. Dabei ist es bei uns bis heute nicht perfekt. Perfektion ist aber auch gar nicht nötig. Wichtig ist, dass wir, du und ich und unsere Familien, uns in unserem Zuhause und unserem Familienalltag wohlfühlen.

Mit meinem gesammelten Wissen verhelfe ich heute mit meiner Arbeit Tausenden anderen Mamas zu einem entspannten Mamasein. Ich zeige ihnen, wie sie und ihre Familien entspannter und glücklicher leben können, indem sie ihren Alltag organisieren, es sich zu Hause schön machen und sich Freiräume schaffen, um wieder Energie zu haben für das, was ihnen wirklich wichtig ist.

Auf meinem Blog www.familieordentlich.de teile ich mein über die Jahre gesammeltes Wissen und meine besten Tipps. Dort findest du regelmäßig viele weitere Anregungen, wie du deinen Familienalltag stressfrei gestalten kannst. Ich freue mich, wenn du mal reinschaust.

Dein Hygge-Jahr in 52 Wochen

PAULA

Glücksmomente

Woche 1

Gute Gewohnheiten – Veränderungstagebuch

Veränderungen, gerade wenn sie langsam und stetig geschehen, nimmt man oft gar nicht so richtig wahr. Erreichtes wird allzu oft als selbstverständlich und gar nicht so großartig erachtet. Außer man vergleicht einmal bewusst das Vorher–Nachher und hält Veränderungen fest. Besorgt euch darum zu Beginn eures Hygge-Jahres ein besonders schönes Notizbuch mit einem hübschen Einband. Dies soll euer Veränderungstagebuch werden, das euch über das ganze Jahr begleiten wird. Räumt dem Buch einen festen Platz in eurem Zuhause ein. Hier finden all eure Erfahrungen, Gedanken und Fortschritte auf dem Weg zu einem hyggeligeren Zuhause Platz. Notiert, was besonders gut gelungen ist, aber auch das, was noch verbesserungswürdig erscheint. Klebt dazu Fotos ein, die während eures Hygge-Jahres entstanden sind. Toll ist auch, wenn ihr ein paar Bilder vom Zustand eurer Wohnung vor und nach diesem Jahr dazupackt. Tragt vor allem auch alle besonders hyggeligen Momente ein, die ihr erlebt, sei es gemeinsam mit Freunden, in der Familie oder jeder für sich.

Sehr interessant ist es, wenn ihr auch die Kinder mit an eurem Veränderungstagebuch arbeiten lasst. Man ist immer wieder verblüfft, welche neuen Sichtweisen sie einbringen. Vielleicht möchten sie auch selbst etwas dazu schreiben oder malen.

Das Veränderungstagebuch kann euch helfen, den Fokus auf das Schöne zu richten, auf das kleine Glück im turbulenten Familienalltag. Am Ende des Jahres werdet ihr staunen, was ihr alles erlebt habt, wie viel positive Veränderung euch dieses Jahr gebracht hat, ob das positive Routinen und Gewohnheiten sind, schöne und nützliche Ordnungslösungen oder ganz viele besondere handgemachte Stücke, die euer Zuhause unverwechselbar machen. Vielleicht wird die gemeinsame Arbeit an diesem Tagebuch ja sogar eine schöne Familientradition, die ihr auch nach diesem Jahr fortführen möchtet.

Ordnung – Schubladen-Organizer aus Filz

Nichts ist nerviger, als eine Schublade, in der alles durcheinanderfliegt, sobald man sie öffnet. Mit diesem Schubladen-Organizer ist es ganz einfach, alles an seinem Platz zu halten. Schnell gemacht und schön anzusehen ist er noch dazu.

Bei der Gelegenheit könnt ihr gleich die Schublade aussortieren und danach das gute Gefühl genießen, wieder den Überblick über eure Sachen zu haben:

1. Räumt die Schublade komplett aus.
2. Nutzt diese Gelegenheit, die Schublade nass auszuwischen.
3. Sortiert nicht mehr benötigte Dinge radikal aus und entsorgt sie.
4. Manche Sachen sind anderswo besser aufgehoben. Ist dies der Fall, dann kommen sie auch dorthin.
5. Jetzt gilt es, die Schublade für die verbleibenden Gegenstände sinnvoll zu strukturieren. Eine Schubladeneinteilung aus Filz sorgt für Übersicht und Ordnung.
6. Zum Schluss sortiert ihr die Sachen in die entsprechenden Unterteilungen ein.

Die Kinder können beispielsweise einen Organizer für ihre Socken- und Unterwäsche-Schublade in ihren Lieblingsfarben basteln.

DIY

DAS BRAUCHT IHR DAFÜR:

- Filz
- Heißklebepistole
- Schere
- Lineal

Und so geht's:

- Schublade ausmessen und Filz in Höhe und Breite passend zuschneiden. Überlegt, wie viele Unterteilungen ihr haben möchtet. Dementsprechend viele Filzstreifen benötigt ihr. Ihr könnt den Schubladen-Organizer so klein oder groß machen, wie ihr möchtet.
- Legt nun den ersten Filzstreifen quer vor euch und tragt drei vertikale Linien Heißkleber auf. Eine links außen, eine rechts außen und eine in der Mitte.
- Platziert einen weiteren Filzstreifen darauf und drückt ihn gut fest. Vorsicht: heiß!
- Auf diesen Streifen tragt ihr nun zwei Linien Heißkleber auf, jeweils einen zwischen den drei Linien auf dem ersten Filzstreifen.
- Diese Schritte wiederholt ihr so oft, bis ihr die gewünschte Größe und Anzahl an Unterteilungen erreicht habt.

Woche 2

DIY – Upcycling: Etagere aus altem Geschirr

Leckeres Gebäck zur Kaffeepause ist ja an sich schon sehr hyggelig. Noch besser schmeckt es, wenn die Köstlichkeiten hübsch präsentiert werden.

Haltet beim nächsten Flohmarktbesuch oder in Omas Küche nach einer besonderen Tellerkombination Ausschau.

DAS BRAUCHT IHR DAFÜR: DIY

- 3 hübsche Teller in unterschiedlichen Größen oder zwei Teller und eine Tasse
- 2 Likörgläser
- Zweikomponentenklebstoff

Und so geht's:

- Zunächst solltet ihr das Geschirr gut reinigen, damit es nicht nur sauber, sondern auch fettfrei ist und der Kleber später gut hält.
- Nun mischt ihr den Zweikomponentenklebstoff genau nach Anweisung und arbeitet euch anschließend pro Etage vor:
- Den Klebstoff auf den Gläserrand streichen, das Glas auf den Kopf drehen und den Gläserrand mittig auf den Teller platzieren, andrücken und antrocknen lassen.
- Danach mit dem Gläserfuß weitermachen; diesen ebenfalls mit Klebstoff bestreichen und den nächsten Teller draufkleben. Genauso geht ihr beim 2. Glas und dem 3. Teller (oder der Tasse) ebenfalls vor.
- Am besten ihr lasst sie bis zum nächsten Tag stehen, um sicherzugehen, dass der Klebstoff wirklich vollständig ausgehärtet ist. Fertig ist die Etagere ganz ohne bohren! Jetzt könnt ihr zum Kaffeetrinken einladen.

Ordnung – Weihnachtsdekoration verstauen

So schnell Weihnachten kommt, so schnell ist auch wieder alles vorbei. Spätestens in der zweiten Januarwoche kann man die Weihnachtsdekoration nicht mehr sehen. Jetzt ist die perfekte Zeit, abzudekorieren und die Weihnachtssachen ordentlich zu verstauen. Denn nach dem Fest ist vor dem Fest. Und ihr kennt das bestimmt auch: Jedes Jahr um Weihnachten herum weiß man nicht mehr, in welcher Kiste die roten Christbaumkugeln sind oder wo man doch gleich die Lichterkette für den Balkon verstaut hatte. Wenn alles separat verstaut und beschriftet wird, müsst ihr euch kurz vorm 1. Advent nicht wieder durch den gesamten Baumschmuck wühlen, sondern könnt ganz entspannt die Adventsdekoration hervorholen und verderbt euch nicht die schöne Stimmung mit der Suche nach den passenden Sachen.

Kugeln sind gut in Kartons mit Trennabteilen unterzubringen. Diese Art der Aufbewahrung ist platzsparend, da in jedes Fach mehrere unterschiedlich große Kugeln passen. Ganz empfindliche Exemplare könnt ihr zusätzlich in Seidenpapier wickeln.

Die Kabel von Lichterketten neigen dazu, sich heillos ineinander zu verheddern. Damit das künftig nicht mehr passiert, nehmt ihr einen festen Pappstreifen und schneidet dort Einkerbungen hinein. In die erste Einkerbung steckt ihr das erste Birnchen. Und dann wird gewickelt, was das Zeug hält bis zum Ende des Kabels. Das Steckerteil schiebt ihr nun in die letzte Einkerbung, sodass nichts mehr verrutschen kann.

Für diverse Dekorationsgegenstände eignen sich durchsichtige Kunststoffboxen besonders gut. Die Sachen lagern darin gut geschützt vor Staub und Feuchtigkeit, und ihr könnt bereits von außen erkennen, was sich in welcher Box befindet. Alternativ bzw. zusätzlich könnt ihr eure Boxen natürlich auch beschriften. Das macht das Wiederfinden für alle Familienmitglieder einfacher.

Die kleinsten Deko-Elemente packt ihr am besten in Frischhaltebeutel mit einem Zip-Verschluss und verstaut diese in einer größeren Box. So bleibt alles schön beieinander.

Hängt ihr zur Weihnachtszeit gerne wiederverwendbare Kränze auf? Die könnt ihr ganz einfach in Mülltüten packen und sie mit Kleiderbügeln in einem Schrank oder an einer Stange oder Haken an der Wand aufhängen.

Bevor ihr nun aber alles fein säuberlich bis zum nächsten Weihnachtsfest wegräumt und verpackt, solltet ihr kräftig aussortieren: Alles, was kaputt ist oder euch nicht mehr gefällt, kommt weg!

Dekorationen, die ihr nicht mehr verwenden möchtet, könnt ihr perfekt zum Geschenkeverpacken im nächsten Jahr benutzen. Legt diese Dinge also zur Seite und recycelt sie als Schmuck für die Päckchen für das nächste Weihnachtsfest.

Woche 3

Gute Gewohnheiten – Wochenroutine: Fleißiger Montag

Jede Woche fallen Dinge an, die erledigt werden müssen. Erledigungen und Besorgungen auf einen Tag in der Woche zusammenzulegen, spart Zeit und Wege.

Am fleißigen Montag (wenn sich für deine Familie ein anderer Tag besser anbietet, dann nehmt ihr natürlich diesen) nehmt ihr euch also möglichst alle Erledigungen vor, die in dieser Woche voraussichtlich anfallen. So könnt ihr an diesem Tag den Schwung nutzen, und der Rest eurer Woche verläuft viel ruhiger, wenn ihr nicht jeden Tag wegen etwas anderem losmüsst.

Wenn ihr mehrere Sachen braucht, die es aber nur in unterschiedlichen Läden gibt, dann hilft es, euren Einkaufsweg so zu planen, dass ihr ihn zeitlich und von der Strecke her gut in einem Rutsch erledigen könnt. Insgesamt lassen sich so viele Erledigungen (Post, Bank, Reinigung) miteinander verbinden.

Kurze Wege sind dabei das A und O. So erspart ihr euch die unnötige Fahrerei und auch unnötige Geldausgaben.

Auch zu Hause könnt ihr viel Zeit und Energie einsparen, wenn ihr gleiche Aufgaben auf eurer To-do-Liste in Blöcke zusammenfasst (einkaufen, anrufen, ablegen, aufräumen) und am Stück abarbeitet.

Ihr habt dann alle benötigten Utensilien bereitliegen und seid auf die Aufgabe eingestimmt, seid zum Beispiel in Telefonierlaune und holt alles Benötigte nur einmal her beziehungsweise räumt es wieder weg.

Das lässt euch mehr Zeit, um den Rest des Tages und der Woche mit freiem Kopf zu genießen, ohne dass euch ständig noch alle möglichen To-dos im Kopf herumschwirren. Und ein freier Kopf ist Voraussetzung dafür, den Moment achtsam wahrzunehmen und zu genießen, auch und gerade im trubeligen Familienalltag.

DIY – Wohnzimmerkorb für Kissen und Decken mit Quasten verschönern

Es ist wunderbar hyggelig, an verschiedenen Stellen in der Wohnung Kissen und Decken bereitzustellen, mit denen man es sich gemütlich machen kann und in die man sich einkuscheln kann, wann immer einem danach zumute ist.

Wenn ihr nicht lange alles zusammensuchen müsst, lässt sich auch die gemeinsame Vorlesezeit am Nachmittag mit zwei Handgriffen extra gemütlich gestalten. Sicher werden es deine Kinder auch genießen, wenn ihr öfter mal „unter einer Decke steckt".

Am besten bewahrst du diese in einem schönen Korb auf, den du mit folgenden hübschen Quasten noch verschönern kannst. Da helfen die Kinder bestimmt gerne mit.

DAS BRAUCHT IHR DAFÜR:

DIY

- Kartonstreifen (so breit, wie die Quasten lang werden sollen)
- je 50 Gramm Wolle in zwei eurer Lieblingsfarben

Und so geht's:

- Umwickelt den Kartonstreifen mit ungefähr 20 Lagen Wolle.
- Schneidet nun einen ca. 20 cm langen Wollfaden ab, schiebt diesen zwischen den Karton und die aufgewickelte Wolle und knotet ihn fest. Mit diesem Faden befestigt ihr später die Quasten am Korb.
- Schneidet die Wollfäden an der gegenüberliegenden Seite auf.
- Nun braucht ihr einen weiteren 20 cm langen Wollfaden, mit dem ihr den Kopf der Quaste abbindet.
- Anschließend könnt ihr die Enden der Quaste noch in Form schneiden.
- Je nachdem, was für einen Korb ihr verschönern wollt, könnt ihr die Wollfäden zur Befestigung einfach mit der Hand durchziehen, oder ihr nehmt eine Stopfnadel zu Hilfe. Auf der Innenseite des Korbes festknoten – fertig!

Woche 4

Gute Gewohnheiten – Regelmäßig Freunde einladen

Gemeinsam verbrachte Zeit ist wertvoll und bleibt in Erinnerung. Wenn wir mit Freunden, Verwandten oder Nachbarn zusammensitzen, uns austauschen und über Gott und die Welt reden, stärken wir unsere Beziehungen untereinander und fühlen uns aufgehoben und getragen von einer starken Gemeinschaft.

Gastfreundschaft ist ein zentrales Element eines hyggeligen Lebens. Dabei geht es nicht um Perfektion, sondern ums Zusammensein. Es muss keine riesige Torte auf dem Kaffeetisch stehen, wenn euch das nur stresst. Es genügen auch frisch gebackene Kekse (wenn keine Zeit war, auch gekaufte) und eine Kanne Tee oder Kaffee. Lass deine Gäste spüren, dass du das Treffen mit Liebe vorbereitet hast, aber mach dir keinen unnötigen Stress.

Habt ihr Lust, euer Haus offener und geselliger werden zu lassen? Veranstaltet doch öfter einmal ein kleines Treffen, zu dem jeder etwas mitbringt. Oder ihr bereitet das Essen gemeinsam zu. Hinterher zusammen abzuspülen und dabei weiterzuquatschen, macht Spaß und dem Gastgeber wenig Arbeit.

So lässt sich Geselligkeit auch prima leben, wenn die Kinder noch klein sind und ihr nicht auf einen Babysitter zurückgreifen könnt oder wollt.

Öfter Gäste zu empfangen, schafft übrigens auch einen regelmäßigen Anreiz aufzuräumen. Und so ein bisschen mehr Motivation kann meist nicht schaden. Ihr müsst es dabei aber nicht übertreiben. Wichtiger als absolute Sauberkeit ist es, die Gesellschaft eurer Gäste zu genießen.

Mit den Tipps von Woche 7 bleibt ihr auch entspannt, wenn sich spontan Besuch anmeldet, bei euch zu Hause aber gerade das Chaos herrscht. Damit ihr auch Überraschungsgäste einfach bewirten könnt, ist es gut, immer ein paar Snacks und ein paar Flaschen Wein im Vorratsschrank zu haben.

Gute Gewohnheiten – Glück im Alltag

Viel zu oft warten wir auf das große Glück, auf den nächsten Urlaub oder das Wochenende und verlieren dabei das Schöne aus den Augen, das jeder Tag für uns bereithält. Dabei brauchen wir ja eigentlich gar nicht so viel, um uns wohlzufühlen.

Achte diese Woche doch einmal gezielt darauf, welche kleinen Freuden der Alltag für dich bereithält und nimm dir jeden Tag etwas Zeit für Hygge. Mache es dir und deiner Familie gemütlich, entscheide dich bewusst fürs Glücklichsein und konzentriere dich voll auf die schönen Dinge und täglichen Glücksmomente.

Viele kleine glückliche Momente machen in der Summe schließlich ein großes Glück aus.

- Im Alltagsstress gehen die Dinge, die dir eigentlich wichtig sind, oft unter. Dabei ist das, was du liebst, die beste Quelle fürs Glück. Nimm dir darum regelmäßig Zeit dafür, und wenn es nur zehn Minuten sind.
- Draußen in der Natur zu sein macht glücklich. Wie schön ist es, am Strand zu stehen und aufs Meer hinauszuschauen Aber auch Flussufer, Blumenwiesen, Wälder oder schneebedeckte Land-

schaften machen glücklich. Darum gehe so oft wie möglich nach draußen und genieße deine Umgebung.

- Schreibe täglich deine Glücksmomente auf. Mache es zu einer guten Gewohnheit und sammle mindestens drei Glücksmomente des Tages.
- Verbringe Zeit mit Menschen, die dir wichtig sind. Einen schönen Tag mit der Familie verbringen, mit Freunden zusammensitzen, eine kleine Unterhaltung mit der netten Nachbarin – Zeit mit Menschen, die wir gernhaben, bietet viele Glücksmomente.
- Arbeite an deinen Träumen und Visionen. Welche Ziele möchtest du im Leben erreichen? Was bedeutet ein erfülltes Leben für dich? Welche Träume möchtest du realisieren? Nimm deine Ziele, Visionen und Träume ernst und arbeite möglichst täglich daran, ihnen Stück für Stück näher zu kommen.
- Sorge für ein Gleichgewicht zwischen Geben und Nehmen. Menschen, die einerseits Gutes annehmen können, es andererseits aber auch gerne an andere weitergeben, haben gute Chancen auf das Glück. Das kann sich auf viele Bereiche des Lebens beziehen: Zeit, Geld, ein paar nette Worte, Aufmerksamkeit.
- Versuche, möglichst viele Augenblicke bewusst wahrzunehmen und zu genießen. Zukünftiges und Vergangenes nehmen im Leben oft einen zu großen Stellenwert ein. Lebe, so oft es geht, im Moment.
- Immer wieder tun wir Dinge, obwohl wir wissen, dass sie uns nicht guttun. Wenn du dir das nächste Mal darüber bewusst wirst, dass du gerade wieder etwas tust, das du eigentlich gar nicht tun willst, dann sage zu dir selbst: „Ich tue hier gerade etwas, obwohl ich weiß, dass es mir nicht guttut. Macht mich das jetzt glücklich, wenn ich das tue? Macht mich das nach einem Tag oder einer Woche glücklicher? Hilft es mir dabei, langfristig glücklicher zu werden?“ Das kann dir helfen, die Perspektive zu verändern und immer öfter nur das zu tun, was dich glücklich macht. Probiere es diese Woche mal aus.

Woche 5

Gute Gewohnheiten – Finde deinen Rhythmus

Mit der Zeit im gemeinsamen Takt zu tanzen, macht das Leben viel angenehmer, als gegen sie anzukämpfen. Kennst du eigentlich deinen Biorhythmus? Dein Tag hat 24 Stunden, aber nicht jede Zeit ist optimal für eine bestimmte Aufgabe oder Tätigkeit geeignet. Bestimmt ist dir auch schon mal aufgefallen, dass bestimmte Arbeiten zu günstigen Zeiten besser und schneller gelingen als zu ungünstigeren Zeiten.

Aufgaben, die eine hohe Konzentration und Genauigkeit verlangen, gelingen oft früh morgens und dann wieder am späten Nachmittag am besten. Beobachte einige Tage lang, wie gut dir solche Aufgaben gelingen, und notiere in eurem Veränderungstagebuch, zu welchen Zeiten es bei euch besonders gut läuft.

Wenn du morgens den Tag planst, kannst du zukünftig dieses Wissen nutzen, und deine Aufgaben entsprechend einteilen: die anspruchsvollen Dinge in die „Hochleistungszeiten" und die einfacheren Tätigkeiten in die „Tiefzeiten". So bekommst du mit gleichem Zeiteinsatz bessere Ergebnisse und gewinnst Zeit, die du für schönere Beschäftigungen einsetzen kannst.

In einer Familie gibt es natürlich neben eurem jeweiligen Biorhythmus noch viele weitere Faktoren, nach denen ihr eure Aufgabeneinteilung richten müsst. Es lohnt sich aber dennoch, dem eigenen Rhythmus künftig mehr Beachtung zu schenken, damit neben dem Notwendigen mehr Zeit bleibt für alles Schöne, Zeit mit der Familie und Freunden oder für dich selbst.

Nutze deinen Biorhythmus, finde heraus, ...

- wann du produktiv bist,
- zu welchen Zeiten deine Tiefs sind,
- wann du Pausen am effektivsten nutzen kannst
- und welche Menge und welches Zeitfenster an Schlaf dir guttun.

DIY – Etiketten für Vorratsgläser

Schöne und praktische Etiketten für Vorratsgläser lassen sich ganz einfach selbst herstellen. Und endlich hat das Rätseln ein Ende: War das noch mal Zucker oder Salz? Und schön anzusehen sind die beschrifteten Gläser noch dazu.

DIY

DAS BRAUCHT IHR DAFÜR:

- durchsichtiges Klebeband
- einen Laserdrucker (Tintenstrahl funktioniert leider nicht)
- eine kleine Schale voll Wasser

Und so geht's:

- Zuallererst schreibt oder zeichnet ihr euer gewünschtes Motiv per Hand auf Papier und kopiert dieses per Laserdrucker. Natürlich könnt ihr eure Etiketten auch direkt am PC gestalten und dann ausdrucken.
- Das fertige Bild bzw. den Schriftzug schneidet ihr auf die gewünschte Größe zurecht und beklebt die bedruckte Seite mit dem Klebeband. Anschließend legt ihr den Ausschnitt für ca. zehn Minuten in eine Schale mit lauwarmem Wasser. Achtet darauf, dass alles gut mit Wasser bedeckt ist, damit es schön durchweichen kann.
- Sobald die Papierschicht aufgeweicht ist, könnt ihr diese ganz leicht abrubbeln. Zurück bleibt die Druckerschwärze auf dem Klebeband. Lasst euer fertiges Etikett danach gut trocknen.
- Jetzt könnt ihr das Etikett anbringen. Das Tolle ist, dass das Klebeband das Bad im Wasser gut übersteht und weiterhin gut kleben bleibt.
- Und falls ihr ein paar Etiketten auf Vorrat machen möchtet, klebt diese einfach auf Backpapier. Von dort lassen sie sich wieder leicht abziehen und bei Bedarf weiterverwenden.
- So könnt ihr übrigens nicht nur hübsche Etiketten für eure Vorräte erstellen, sondern z. B. auch Windlichter mit einem schönen Motiv (etwa einer eingescannten Kinderzeichnung) gestalten.

Woche 6

Ordnung – Lasst die Kinder im Haushalt mithelfen

Kinder können einen wertvollen Beitrag zur Arbeit im Haushalt leisten. Die Kunst ist es, sie zur Mitarbeit zu motivieren. Das ist zugegebenermaßen nicht immer einfach, aber es lohnt sich. Wenn wir Eltern unsere Aufgaben im Haushalt entspannt und ohne Jammern erledigen, vermitteln wir unseren Kindern etwas ganz Wertvolles: Hausarbeit ist keine Strafe, sondern etwas, das einfach zum Leben dazugehört und sogar Spaß machen kann.

Wie schaffen wir es aber, die Kinder zu motivieren, mit Hand anzulegen, ohne ständig an ihnen herumzunörgeln oder sie zu ermahnen und damit nur die Stimmung in der Familie zu verderben?

Gerade jüngere Kinder wollen uns oft eifrig assistieren. Weil es alleine jedoch schneller geht, neigen wir Eltern dazu, den Kindern alles abzunehmen. Das ist aber zu kurz gedacht. Es ist sinnvoll, sie frühzeitig mit kleinen Aufträgen einzubeziehen und kleine Malheure wie zerbrochene Teller mit Humor zu nehmen. So wird das Mithelfen zur Basis für das Wirgefühl in der Familie und dafür, dass Kinder später ganz selbstverständlich Aufgaben übernehmen.

Wenn Kinder im Haushalt mithelfen, sollte der Fokus nicht nur auf einem Endergebnis liegen, sondern auch auf der Freude am Erledigen der Aufgabe selbst. Ihr könnt euren Kindern damit auch beibringen, die einfachen Dinge im Alltag zu schätzen. Beim Verteilen der Aufgaben ist es wichtig zu schauen, wo gerade die Interessen und Bedürfnisse eurer Kinder liegen.

Ihr könnt dafür z. B. in der wöchentlichen Familienkonferenz festlegen, welche Aufgabe das Kind in der kommenden Woche übernehmen möchte. Falls es keinen eigenen Vorschlag hat, könnt ihr ihm die Wahl zwischen zwei Aufgaben lassen, von denen ihr denkt, dass sie gerade spannend für es sein könnten: Möchtest du lieber abwaschen oder Staub saugen, Spiegel putzen oder Wäsche waschen? So dürfen die Kinder selbst mitbestimmen, wo sie mit anpacken möchten und werden das auch (meistens) mit Freude tun.

DIY – Bücherwand fürs Kinderzimmer

Bücher sind so wichtig für Kinder. Sie geben ihnen Geborgenheit, wecken die Neugierde auf Neues und regen ihre Vorstellungskraft und Fantasie an. Bücher bieten Entspannung für die ganze Familie und schaffen einen Ruhepol im Alltag, ob beim Alleine-Entdecken oder beim gemeinsamen Vorlesen.

Liebst du Bücher und möchtest die Liebe zum Lesen und Entdecken von Büchern an deine Kinder weitergeben? Mit dieser Bücherwand könnt ihr eine sonst ungenutzte Ecke zum Leben erwecken und eure Kinderbücher auf besonders schöne Art aufbewahren und präsentieren.

Die Bücher sind mit den Buchtiteln nach vorne einsortiert und damit sehr gut sichtbar. Auf diese Art und Weise ziehen die Bücher viel eher die Aufmerksamkeit der Kinder auf sich. Es sieht außerdem einfach hübsch aus, wenn die meist wunderschön gestalteten Cover der Bücher sichtbar sind. Vor allem kleinen Kindern fällt die Auswahl eines Buches viel leichter, wenn sie das Cover anstatt des Buchrückens sehen. Sie können sich so ganz gezielt ein Buch aussuchen.

DAS BRAUCHT IHR DAFÜR: DIY

- Holzbretter mit ca. 10–12 mm Stärke (die Tiefe von unseren betragen 10 cm, 8 cm und 4 cm)
- Holzlack oder Kreidefarbe
- Holzschrauben 4 x 40 mm

Und so geht's:

Die Bretter auf die gewünschte Regallänge zuschneiden und dann stumpf verschrauben. Das Brett mit 10 cm Tiefe kommt an die Hinterseite – mit diesem wird dann das Regal an die Wand geschraubt. Das Brett mit 8 cm Tiefe ist der Regalboden und das Brett mit 4 cm wird vorne angeschraubt und dient als Anschlag, damit die Bücher nicht vom Regal rutschen. Streichen und an die Wand schrauben – fertig!

Woche 7

DIY – Kirschkernkissen nähen

Ein selbst gemachtes Kirschkernkissen sorgt im Winter für wohlige Wärme. Es lässt sich aber auch wunderbar zum Kühlen verwenden. Ab damit in die Kühltruhe, und ihr habt immer einen natürlichen Kühlpack für kleinere Blessuren.

DAS BRAUCHT IHR DAFÜR: DIY

- 500 g Kirschkerne (gekauft oder selbst gesammelt und gereinigt)
- schönen Baumwoll- oder Leinenstoff, zweimal 25 cm x 25 cm

Und so geht's:

- Die beiden Stoffteile auf links aufeinanderlegen und sie mit Stecknadeln fixieren, damit beim Nähen nichts verrutscht.
- Kissen zunähen bis auf eine Wendeöffnung von fünf Zentimetern.
- Das Kissen auf rechts drehen und glatt bügeln.
- An der offenen Stelle den Stoff nach innen bügeln, um eine schöne Nahtkante zu bekommen.
- Das Kissen durch die Wendeöffnung mit den Kirschkernen befüllen.
- Zum Schluss die Wendeöffnung von außen knapp an der Kante entlang zunähen.

Ordnung – So wird euer Zuhause blitzschnell vorzeigbar

Gäste haben sich angemeldet und das Haus sieht aus, als hätte eine Bombe eingeschlagen? Keine Panik! Mit diesen Tipps räumt ihr blitzschnell auf, damit ihr gemeinsam eine hyggelige Zeit genießen könnt:

1. Konzentration auf das Wesentliche, auf die Bereiche die eure Gäste zu sehen bekommen. Jetzt ist nicht die Zeit für eine Tiefenreinigung.
2. Bringt zuerst euch selbst in Ordnung. Ihr fühlt euch sofort besser und steht nicht noch in Jogginghosen da, falls die Gäste doch fünf Minuten früher da sind.
3. Putzt die Toilette, die eure Gäste benutzen werden, füllt den Vorrat an Toilettenpapier und Seife auf und legt ein frisches Handtuch bereit.
4. Schließt die Türen zu Räumen, die eure Gäste nicht zu Gesicht bekommen sollen.
5. Räumt die größten Oberflächen in Flur, Esszimmer, Wohnzimmer frei. Falls es hier schmutziges Geschirr gibt, ab damit in die Spülmaschine, herumliegender Müll wird entsorgt, Herumliegendes in einen Wäschekorb gepackt und für eure Gäste nicht einsehbar abgestellt. Achtung: Das ist wirklich nur die superschnelle Notlösung für den Moment. Bitte denkt daran, die Dinge im Korb später an ihren Platz zurückzubringen oder gleich zu entsorgen.
6. Sammelt dann alles schmutzige Geschirr in der Küche ein und räumt es in die Spülmaschine. Wischt nun die Arbeitsfläche und das Spülbecken sauber und trocken.
7. Staub saugen im Hauptwohnbereich – schnell und effizient ist die Devise. Ihr müsst nicht bis in die hinterste Ecke vordringen, der Hauptbereich genügt.

8 Stellt Duftkerzen auf. Kerzen sind immer hyggelig und der angenehme Duft einer guten Duftkerze wirkt besonders einladend und kann unangenehme Gerüche überdecken.
9 Entspannt euch und freut euch auf eure Gäste!

Und was machen in der Zeit eigentlich die Kinder? Vielleicht sind eure Kinder ja schon groß genug, um eine halbe Stunde fernzusehen? Oder ihr stellt eine Kiste mit kleinen Spielzeugen zusammen, die ihr nur in solchen Fällen hervorholt, damit sie interessant bleiben. Das Baby könnt ihr euch vielleicht auf den Rücken binden, um beide Hände frei zu haben. Größere Kinder können auch schon mithelfen, z. B. den Müll rausbringen oder herumliegendes Spielzeug einsammeln.

Und wenn doch einfach mal gar nichts geht, bleibt locker und denkt daran, dass eure Gäste vorbeikommen, weil sie gern mit euch zusammen sind, nicht, um zu überprüfen, ob es bei euch sauber und ordentlich ist.

Woche 8

Gute Gewohnheiten – Auf dem Weg zu Zero Waste

Zero Waste bedeutet „null Müll“. Überhaupt keinen Müll zu produzieren, bleibt wohl eine Utopie. Den Müll, den eure Familie produziert, aber drastisch zu reduzieren, ist eigentlich gar nicht so schwer. Oft sind es nur ein paar Gewohnheiten, die wir ändern müssen, um viel zu erreichen und das gute Gefühl zu haben, dass wir damit durchaus etwas zum Positiven verändern können. Ein erster Schritt ist es, die wahnsinnigen Mengen am Wegwerfplastik zu reduzieren.

Und so geht's:

1. Körbe und Stofftaschen mit zum Einkaufen nehmen.
2. Obst und Gemüse, wann immer möglich, lose kaufen.
3. Pfandflaschen aus Glas bevorzugen, z. B. bei Milch, Sahne, Joghurt, Getränken und Essig.
4. Statt der Aufbackbrötchen in Plastik lieber Brötchen vom Bäcker kaufen (eigene Tasche dafür mitnehmen).
5. Wurst und Käse an der Theke in mitgebrachte Dosen packen lassen oder zumindest darum bitten, auf Zwischenplastiklagen zu verzichten.
6. Selbst kochen statt Fertiggerichte verwenden (schmeckt sowieso besser und ist viel gesünder).
7. Wiederverwendbaren Becher für den Coffee-to-Go verwenden oder gleich etwas mehr Zeit einplanen und vor Ort genießen, ist natürlich viel hyggeliger.
8. Wiederverwendbare Brotdosen und Flaschen für das zweite Frühstück in Schule, Kindergarten und Arbeit verwenden.
9. Putzmittel aus einfachen Grundzutaten selbst herstellen (siehe Woche 17).
10. Seife und festes Shampoo statt Duschgel in Plastikflaschen verwenden.

DIY – Schoko-Lippenbalsam

Gerade im Winter tut etwas Lippenpflege der ganzen Familie gut. Wenn ihr eure Lippen auf natürliche Weise pflegen möchtet und Schokolade liebt, dann ist dieses Rezept für natürliche, selbst gemachte Lippenpflege genau das richtige für euch.

Im Gegensatz zu den meisten Pflegeprodukten aus der Drogerie, die mit Chemikalien wie Mineralölen, Paraffinen und Mikroplastik langfristig nicht nur dem gesamten Körper, sondern auch der Umwelt schaden können, besteht sie ausschließlich aus natürlichen Zutaten.

Kakaobutter ist prima für Lippen- und Hautpflege geeignet, weil sie bei Zimmertemperatur fest ist, bei Hautkontakt aber schmilzt. Sie zieht tief in die Haut ein und hinterlässt ein zartes Hautgefühl. Die Lippen werden lang anhaltend mit Feuchtigkeit versorgt, vor dem Austrocknen geschützt und müssen nicht ständig neu eingeschmiert werden.

DAS BRAUCHT IHR DAFÜR: DIY

- 20 g Kakaobutter (aus dem Bioladen oder online bestellen)
- 5 g Bienenwachs (vom lokalen Imker oder online bestellen)
- 1 EL Mandelöl
- ¼ TL Kakaopulver
- kleine Tiegel zur Aufbewahrung

Und so geht's:

- Mandelöl, Kakaopulver und Bienenwachs in ein Glas geben und langsam im Wasserbad erwärmen, bis das Wachs vollständig geschmolzen ist.
- Auf Handwärme abkühlen lassen und Kakaobutter dazugeben und verrühren, bis eine gleichmäßige Masse entsteht.
- Glas aus dem Wasserbad nehmen und Masse in kleine Tiegel abfüllen.
- Ohne Deckel abkühlen und aushärten lassen, am besten über Nacht.

Tipp: Den fertigen Lippenbalsam bitte auf jeden Fall bei Temperaturen unter 30 °C lagern, da er sonst schmelzen könnte. Wenn ihr auch im Sommer nicht auf eure selbst gemachte Lippenpflege verzichten möchtet, empfiehlt es sich, etwas mehr Bienenwachs zu verwenden. Das sorgt für festere Konsistenz.

Woche 9

Ordnung – Gastfreundschaftsset auf der Gästetoilette

Gemeinsame Zeit mit Freunden und der Familie zu verbringen ist wunderbar gemütlich. Damit sich eure Gäste bei euch rundum wohlfühlen, könnt ihr ein „Gastfreundschaftsset“, ein kleines Körbchen mit allerlei Nützlichem, zusammenstellen und in der Gästetoilette platzieren. Die folgenden Dinge machen sich darin ganz prima:

- Taschentücher (am schönsten sind welche aus Stoff)
- Wattepads
- Wattestäbchen
- Zahnseide oder Zahnstocher
- Halsbonbons
- Nagelfeile
- Antifleckenstift
- Handcreme
- Artikel für die Monatshygiene
- Deo
- Haarspray
- Haarbürste und Kamm
- Fusselrolle
- Zahnpflegekaugummi

Schreibt noch einen netten Spruch dazu, damit eure Gäste wissen, dass sie die Sachen gerne benutzen dürfen:

„Flecken, Blasen, raue Hände, dieses Körbchen bringt die Wende. Schaut in dieses Körbchen rein und nutzt all die Helferlein.“

Wetten, damit überrascht ihr eure Gäste und beschert ihnen eine besonders hyggelige Zeit?

DIY – Besteckkorb aus Dosen-Upcycling

Ein Besteckkorb auf dem Esstisch sieht hübsch aus und hält täglich benötigtes Besteck stets in Reichweite.

DIY

DAS BRAUCHT IHR DAFÜR:

- 6 Konservendosen
- ein dickeres Holzbrett
- Kreidefarbe in Eggshell-Qualität (hält auf beinahe jedem Untergrund)
- Ledergurt oder Griff
- Spitzenbordüre

Und so geht's:

- Dosen gründlich ausspülen und die Papierbanderolen lösen. Macht mit einem Hammer und Nagel jeweils ein kleines Loch in die Dosen etwa 1,5 cm unterhalb vom oberen Rand.
- Nun könnt ihr die Dosen bemalen! Achtet darauf, dass das Metall trocken und sauber ist. Wahrscheinlich müsst ihr mehrere Farbschichten auftragen, damit die Farbe komplett deckt.
- Anschließend bemalt ihr auch das Holzbrett und lasst die Farbe gut trocknen.
- Platziert nun jeweils drei Dosen entlang der Seiten des Holzbretts mit dem vorgebohrten Loch zum Brett hin und schraubt sie fest.
- Nehmt den Griff, positioniert ihn auf der langen, schmalen Seite des Holzbretts und schraubt ihn fest.
- Wenn ihr mögt, verziert den Rand der Dosen noch mit einer Spitzenbordüre oder verseht zum Schluss jede Konservendose mit einem kleinen Schild für die jeweilige Besteckart – fertig!

Woche 10

Gute Gewohnheiten – Fotoprojekte

Das Familienleben ist bunt und voller Überraschungen, einzigartiger Momente und wunderbarer Erinnerungen. Möchtest du diese Erinnerungen gerne bildlich festhalten? Dann versuche dich doch einmal an einem besonderen Fotoprojekt.
Überlege dazu: Was macht euch als Familie einzigartig? An welche Details und Momente möchtet ihr euch auch in Jahren noch erinnern? Fotos vom Geburtstag, dem Urlaub und Weihnachten zu haben ist schön. Aber die Fotos von eurem normalen Alltag sind mindestens genauso wertvoll. Also warte nicht auf die besonderen Anlässe, sondern fotografiere so oft wie möglich. Vielleicht hast du Lust auf eines der folgenden Fotoprojekte:
Ein Tag in unserem Leben: Einen Tag lang dokumentierst du den typischen Alltag deiner Familie vom gemeinsamen Aufstehen bis zum Schlafengehen. An so einem Tag bekommst du viele Schnappschüsse vom ganz normalen Alltag. Vom gemeinsamen Frühstück übers Zähneputzen bis zum Erzählen der abendlichen Gutenachtgeschichte. Du könntest auch einen Tag pro Jahreszeit fotografisch begleiten und es dann, z. B. „Ein Tag im Frühling“ nennen.
10/12: Jeden Monat wählst du die 10 besten Fotos des Monats aus. Am Ende des Jahres kannst du damit z. B. einen schönen Familienkalender gestalten, für euer Zuhause oder als ganz persönliches Geschenk für Oma und Opa.
Jährliches Fotobuch: Eine schöne Erinnerung und eine tolle Möglichkeit für einen Jahresrückblick bietet euch ein Fotobuch mit den schönsten Momenten des vergangenen Jahres. Bei vielen Anbietern kannst du die hochgeladenen Fotos automatisch zu einem Fotobuch zusammenstellen lassen. So bekommst du ein schönes Ergebnis mit wenig Aufwand.

Egal, für welches Projekt du dich entscheidest, es lohnt sich, die Kamera mit dabeizuhaben und schöne Familienmomente festzuhalten.

Ordnung – Ideen für weniger Plastik im Badezimmer

Wie viel Plastik befindet sich in eurem Badezimmer? Plastik sieht nicht nur unschön aus, sondern ist auch ein echtes Gesundheits- und Umweltproblem.

Natürliche Materialien verleihen eurem Bad dagegen eine viel hochwertigere, gemütliche und entspannende Atmosphäre. Probiert doch mal die folgenden Ideen und gestaltet euer Bad plastikfrei:

1. Verwendet zum Händewaschen Seife am Stück anstelle eines Plastikspenders für Flüssigseife. Seifenablagen gibt es aus Holz oder Keramik.
2. Auch anstelle von Duschgel könnt ihr Seife verwenden und festes Shampoo zum Haarewaschen.
3. Steigt um auf Holzzahnbürsten, sie sind voll im Trend. Bambusholz und Naturborsten aus Kohle sind die ideale plastikfreie Alternative zu Plastikzahnbürsten.
4. Wattestäbchen sind oft in Plastik verpackt und landen nach der einmaligen Anwendung auch direkt im Plastikmüll. Überlegt, ob ihr sie überhaupt benötigt. Alternativ gibt es Wattestäbchen plastikfrei verpackt aus Bambus und Baumwolle.

5 Anstelle von Zahnpasta in Plastikverpackung gibt es Zahnputztabletten. Diese werden im Mund weich und lassen sich dann genauso verwenden, wie ihr es von der Zahnpasta gewohnt seid.

6 Die Zahnseide, die wir im Supermarkt finden, ist doppelt in Plastik verpackt und besteht auch noch selbst aus Kunststoff. Es gibt mittlerweile zum Beispiel Zahnseide, die plastikfrei verpackt und aus Bienenwachs hergestellt ist (zu finden im Unverpackt-Laden, manchen Bioläden oder online).

7 Einmalrasierer produzieren viel Plastik. Es gibt zwar wiederverwendbare Modelle, deren Ersatzklingen aber auch Plastik enthalten und in Plastik verpackt sind. Benutzt doch stattdessen einen Edelstahlrasierer mit plastikfreien Ersatzklingen.

8 Rasierseife ersetzt den üblichen Rasierschaum aus der Plastikdose. Die Seife wird mit einem Rasierpinsel aufgeschäumt und auf der Haut verteilt. Kurz einwirken lassen und wie gewohnt rasieren.

9 Binden und Tampons verursachen eine Menge Plastikmüll und sind im Regelfall auch in Plastik verpackt. Alternativ gibt es waschbare Binden aus Stoff oder Menstruationstassen aus Silikon, die langfristig einsetzbar sind.

10 Auch für Deoroller oder Deosprays, die meist nicht ohne Plastikteile auskommen, gibt es Alternativen, zum Beispiel Deocremes in Glasbehältern. Deocreme könnt ihr ganz einfach auch selbst herstellen. (siehe Woche 24)

11 Statt Wegwerfwindeln lohnt sich die Anschaffung von waschbaren Stoffwindeln fürs Baby. Die modernen Windeln sind absolut einfach und ohne großen Aufwand zu handhaben. Mit ihren tollen Farben und Mustern sind sie noch dazu sehr hübsch anzuschauen.

12 Feuchttücher zur einmaligen Benutzung lassen sich zumindest zu Hause ganz einfach durch Waschlappen aus Baumwolle ersetzen.

Woche 11

Gute Gewohnheiten – Hygge-Liste Frühling

Hygge geht zu jeder Jahreszeit. Feiert den Frühling und freut euch an all dem Schönen, das die neue Jahreszeit bringt.

ANREGUNGEN FÜR HYGGELIGE AKTIVITÄTEN IM FRÜHLING

- Frischen Bärlauch pflücken
- Seifenblasen selbst machen
- Tiere füttern im Streichelzoo
- Picknick im Freien
- Kleiderschrank ausmisten
- Im Frühlingsregen tanzen
- Den Zoo besuchen
- Eine Radtour machen
- Einen Regenbogen beobachten
- Pflanzen aussäen
- Ostereier bemalen
- Minigolf spielen
- Mit Straßenkreide einen Fahrzeugparcours aufmalen
- Tretboot fahren
- Gummitwist hüpfen
- Enten füttern im Park
- Ein Insektenhotel bauen
- Steine bemalen
- Schmetterlinge beobachten
- Fotosafari in der Natur
- Durch Pfützen springen
- Einen Stand auf dem (Kinder-)Flohmarkt haben
- Einen Lernbauernhof besuchen
- Frühjahrsputz des Kinderfuhrparks (Fahrrad, Laufrad, Roller)
- Essbare Kräuter kennenlernen und damit kochen
- Freunde treffen zum Brunch
- Einen Feengarten anlegen (ein kleines Gärtchen im Topf oder Kasten mit Minimöbeln oder -häuschen)

Ordnung – Hyggelig putzen

Putzen gehört für die meisten von uns nicht gerade zur Lieblingsbeschäftigung. Aber leider kommen wir eben nicht ganz drum herum. Dass du Arbeit darin investieren musst, dein Zuhause sauber zu halten, kannst du nicht ändern, wohl aber deine Einstellung dazu. Indem du ein paar Wohlfühlelemente zu deinen Aufgaben hinzufügst, kannst du deine Herangehensweise ans Putzen verändern.

1. Benutze statt herkömmlicher scharfer Reiniger lieber ökologische Alternativen, die natürliche essenzielle Öle enthalten. Diese verbreiten einen angenehmen Duft, den du bereits genießen kannst, während du arbeitest.
2. Warum die Zeit, in der du putzt, nicht für ein bisschen Unterhaltung nutzen? Höre dir deine Lieblings-Podcasts oder Hörbücher an. Oder stelle dir eine spezielle Playlist zusammen, die dich beim Putzen in gute Stimmung versetzt.
3. Denke dir kleine Belohnungen für dich selbst aus, wie z. B. eine Runde blättern in der Lieblingszeitschrift bei einer Tasse Kaffee, nachdem alles geschafft ist. Die Aussicht auf etwas Schönes wird dich zusätzlich motivieren, an der Arbeit dranzubleiben und sie zügig abzuschließen.
4. Warum nicht mal gemeinsam putzen? Verabrede dich abwechselnd mit einer Freundin und bringt in einer Woche dein Zuhause und in der nächsten das deiner Freundin auf Hochglanz. Zusammen macht es viel mehr Spaß, und während ihr euch über Neuigkeiten austauscht, vergeht die Zeit wie im Flug.
5. Lenke deine Aufmerksamkeit auf das Positive und erkenne, für was du alles dankbar sein kannst: Staub saugen zu müssen bedeutet, ein Zuhause zu haben, Wäsche waschen zu müssen bedeutet, Kleidung zu haben, Geschirr abspülen zu müssen bedeutet Mahlzeiten, die ihr gemeinsam genießen durftet.

6 Stelle dir einen Wecker auf jeweils 15 Minuten und erledige die Hausarbeit in kleinen Einheiten über die Woche verteilt. Ein komplettes Haus zu putzen, ist eine riesige Aufgabe. 15 Minuten fühlen sich gleich viel machbarer an. Und du wirst staunen, wie viel du in der kurzen Zeit schaffst.

7 Findest du es auch so schade, dass man anscheinend nie sieht, was du geleistet hast? Dann mache doch mal ein Vorher-Nachher-Foto eines Zimmers, bevor du mit putzen angefangen hast und danach. Das führt dir (und vielleicht auch anderen Familienmitgliedern) vor Augen, wie viel du geleistet hast.

8 Im Team geht alles leichter. Wenn ihr in der Familie als gutes Team zusammenhaltet, gehört auch das gemeinsame Aufräumen und Putzen dazu. Gemeinsam euer Zuhause zu hegen und zu pflegen, kann wunderbar hyggelig sein. Wie wäre es z. B. mit einem Familien-Ordnungs-Aktionstag in der Woche (siehe Woche 39). Wie ihr eure Kinder von Anfang an mit einbeziehen könnt, erfährst du in Woche 6.

Woche 12

Gute Gewohnheiten – Hyggelige Lichtstimmung

Licht ist elementar für unser Wohlbefinden. Tagsüber genießen wir das Sonnenlicht und abends entspannen wir uns am liebsten bei Kerzenschein oder am knisternden Kaminfeuer.

So holst du dir mehr Tageslicht ins Haus:

- Tausche schwere Vorhänge gegen leichte, durchscheinende Gardinen oder verzichte eventuell ganz auf Vorhänge.
- Streiche Wände in einem hellen Weiß, Creme oder Grau.
- Verpasse dunklen großen Möbeln ebenfalls einen weißen Anstrich.
- Hänge Spiegel so auf, dass sie das Tageslicht reflektieren.

So schaffst du am Abend gemütliche Stimmung:

- Vielleicht habt ihr ja einen Kachelofen oder Kamin. Nutze diesen so oft wie möglich. Den tanzenden Flammen zuzusehen und die angenehme Wärme zu genießen, ist einfach unschlagbar gemütlich.
- Zünde öfter mal Kerzen an. Warmes flackerndes Kerzenlicht ist einfach einladend. Selbst ein einfaches Abendessen wird bei Kerzenschein zum Erlebnis.
- Verteile viele kleinere Lichtquellen im Raum. Sie wirken viel angenehmer als das Licht einer einzelnen Deckenleuchte. Ein Leselicht am Sofa, Stehlampen auf dem Fenstersims. Es ist so richtig schön hyggelig, abends durch die Wohnung zu gehen und Lichter anzumachen.
- Auch draußen kannst du für gemütliche Beleuchtung sorgen. Eine Feuerschale auf der Terrasse ist Treffpunkt für Familie und Freunde.
- Mit Windlichtern und Lichterketten kannst du gezielt Akzente setzen und sie ganz flexibel immer wieder neu platzieren.

DIY – Hochbeet anlegen

Obst und Gemüse aus dem eigenen Garten ernten zu können, ist etwas Wunderbares. Wenn Kinder früh lernen, wie und wann man welche Blumen, Obst- und Gemüsesorten pflanzt und erntet, nehmen sie dieses Wissen für ihr ganzes Leben mit. In einem selbst gebauten Hochbeet wachsen die Pflanzen ausgesprochen gut und lassen sich auf angenehmer Höhe pflegen und beobachten. Außerdem bietet das Hochbeet den Pflanzen einen guten Schutz vor Schnecken und herumtobenden Kindern.

DAS BRAUCHT IHR DAFÜR:

DIY

- ausreichend Holzbretter/Holzdielen mit ca. 30–50 mm Stärke
- Berechnung der Anzahl: 2 x Länge + 2 x Breite x die Höhe des Hochbeetes (ca. 100 cm)
- 4 Holzpfosten, je 8 x 8 cm
- Kanichendraht

Und so geht's:

- Bretter auf die benötigte Länge, Pfosten auf die benötigte Höhe absägen und dann die Bretter mit den Pfosten zu einem Kasten verschrauben.
- Den Kasten auf eine ebene Fläche stellen. Wenn gewünscht, kann das Hochbeet innen mit einer Noppenfolie ausgekleidet werden, sodass das Holz nicht mit der Erde in Kontakt kommt.
- Als Schutz vor Wühlmäusen befestigt ihr zuunterst Kaninchendraht. Darauf sorgt eine Drainageschicht dafür, dass der Boden gut durchlüftet ist und sich keine Staunässe bildet. Die Drainageschicht sollte etwa ein Viertel der Höhe des Hochbeets betragen. Hierfür werden grobe und feinere Äste, Reisig oder Ähnliches verwendet, z. B. vom letzten Strauchschnitt. Zu große Hohlräume sollten am besten mit Holzhäckseln oder Grasschnitt aufgefüllt werden, damit die oberen Schichten später nicht zu stark absacken.
- Für den mittleren Teil wird frisches und halb verrottetes organisches Material wie Laub, Grasschnitt oder Stroh mit grobem Kompost vermischt. Für diese Schicht ist auch Pferdemist sehr gut geeignet. Die Schichten müssen stets gut verdichtet werden, ansonsten sackt das spätere Hochbeet schnell ab. Das übernehmen eure Kinder bestimmt gerne, indem sie darauf herumhüpfen.
- In den nächsten Jahren verrottet diese Schicht allmählich weiter und sorgt mithilfe der Bodenlebewesen für einen stetigen Nährstoffnachschub für die Pflanzen. Der obere Teil ist die Pflanzschicht, also das nährstoffreiche Substrat, in der später die Wurzeln der Pflanzen liegen. Durch die Verrottung der unteren Schichten sackt das Hochbeet langsam zusammen, sodass man die oberste Schicht jährlich etwas auffüllen muss. Nach etwa sieben Jahren sind die mittleren Schichten vollständig verrottet und das Hochbeet sollte neu befüllt werden.

Woche 13

DIY – Türschild aus Baumscheibe

Dekorationen aus natürlichen Materialien machen ein Zuhause besonders gemütlich. Mit diesem Holzschild begrüßt ihr Familienmitglieder und Gäste besonders nett.

DAS BRAUCHT IHR DAFÜR: DIY

- eine Baumscheibe
- Tafelfarbe
- Kreide oder Kreidestift

Und so geht's:

- Bemalt die Scheibe mit Tafelfarbe, sodass ein kleiner Rand bleibt.
- Lasst die Farbe gut trocknen und schreibt mit Kreide oder Kreidestift einen schönen Willkommensgruß darauf.
- Die Kreide oder der Kreidestift lässt sich einfach wieder mit einem feuchten Lappen abwischen. So könnt ihr euer Schild z. B. jahreszeitlich oder für besondere Feiern anpassen.

Gute Gewohnheiten – Abendroutine

Nach einem anstrengenden Tag möchtest du nichts lieber als abschalten, ein paar ruhige Minuten für dich genießen, entspannt ins Bett gehen und möglichst schnell einschlafen. Manchmal kommen die Gedanken aber nicht zur Ruhe und du kannst nicht entspannen, obwohl du total erschöpft bist. Dann kann dir die folgende Abendroutine helfen.

- Mache 15 Minuten lang Ordnung. Gehe mit einem Wäschekorb einmal durch die ganze Wohnung, sammle Liegengebliebenes auf und bringe es an seinen Platz zurück. In einer aufgeräumten Umgebung lässt es sich viel leichter entspannen.
- Schreibe auf, was dir durch den Kopf geht. Die Dinge zu Papier zu bringen, hilft dir, sie zu sortieren und aus dem Kopf zu bekommen.
- Gehe möglichst immer zur gleichen Zeit schlafen, möglichst auch am Wochenende. Dein Körper wird sich schnell daran gewöhnen und automatisch runterfahren.
- Spätestens eine Stunde vor dem Zubettgehen solltest du den Fernseher und das Handy ausschalten. Das gibt dir die nötige Zeit, dich zu entspannen. Außerdem erschwert das bläuliche Licht der Bildschirme das Einschlafen.
- Nimm ein warmes Bad oder eine warme Dusche, am besten bei Kerzenschein und sanfter Entspannungsmusik.
- Trinke eine Tasse Kräutertee. Dieser wärmt so richtig schön von innen und hilft dir zu entspannen.
- Lies ein schönes Buch, das dich in eine andere Welt entführt. So haben deine Gedanken keine Zeit, weiter Karussell zu fahren.
- Mach dir dein Bett so richtig gemütlich mit kuscheligen Decken und bequemen Kissen und sorge bereits am Morgen dafür, dass alles aufgeschüttelt und vorbereitet ist. Dann lässt es sich abends wunderbar darin träumen.

Woche 14

Ordnung – Durch Ausmisten wird es hyggelig

Das Anhäufen von Besitz macht uns nicht glücklich. In Wahrheit sind die besten Dinge im Leben kostenlos und unbezahlbar zugleich.

Die Werbung will uns glauben machen, dass es im Leben darum geht, ein größeres Haus, ein schnelleres Auto oder schickere Klamotten als andere zu besitzen.

Hygge bedeutet dagegen echtes Zusammensein mit den Menschen, die wir lieben. Und wenn wir nicht ständig mit der Anhäufung materieller Güter beschäftigt sind, können wir uns viel besser auf diese Beziehungen konzentrieren.

Auszumisten und sich nur mit dem zu umgeben, was du liebst, ist unglaublich befreiend und hilft dir, klarer zu denken, viel weniger Stress zu empfinden und mehr Zeit zu haben für Dinge, die dir wirklich etwas bedeuten.

Überprüfe die Gegenstände in deinem Zuhause daraufhin, ob sie dein Leben tatsächlich reicher machen oder eher komplizierter. Lasse gnadenlos alles gehen, was kaputt ist, dir nicht mehr gefällt, was du nie benutzt.

Diesen Prozess wirst du kaum in einer Woche abschließen können. Aber starten kannst du damit sofort und gleich die ersten Erfolge genießen.

Am besten beginnst du mit den offensichtlich herumliegenden Gegenständen. Räume alle horizontalen Flächen frei und lasse nur ausgewählte Stücke zur Dekoration stehen. Das schafft sofort optische Ruhe und euer Zuhause fühlt sich gleich viel entspannender und gemütlicher an. Außerdem sparst du dir ab sofort jede Menge Zeit, wenn es ans Putzen und Abstauben geht, wenn nicht überall etwas herumsteht.

Genieße das gute Gefühl, das durch mehr freie Fläche entsteht, und arbeite dich dann weiter vor ins Innere der Küchen- und Kleiderschränke, Kommoden und Schubladen, und lasse Ruhe und Entspannung Stück für Stück dein Zuhause erobern.

DIY – Zuckerstreuer aus Marmeladenglas

Dieser selbst gemachte Zuckerstreuer ist blitzschnell gemacht, und er ist ein schöner Hingucker für euren Kaffeetisch. Lade am besten gleich ein paar Freunde ein, um ihn bei Kaffee und Kuchen einzuweihen.

DAS BRAUCHT IHR DAFÜR:

- kleine leere Flasche (z. B. Saft-, Smoothie-, Milchflasche) oder ein Glas (z. B. schönes Marmeladenglas)
- Ausgießer aus Metall mit Kork
- einen großen Nagel
- Hammer
- Metallbohrer
- Heißklebepistole
- Lackstift
- optional DIY-Etikett (siehe Woche 5)

Und so geht's:

- Zuerst nehmt ihr das Korkstück vom Ausgießer ab.
- Schraubt den Deckel der Flasche ab und schlagt mit Hammer und Nagel ein kleines Loch in die Mitte des Deckels. Dieses erweitert ihr dann mithilfe des Metallbohrers soweit, bis ihr den Ausgießer hineinstecken könnt.
- Jetzt schiebt ihr das Korkstück von unten zurück in den Ausgießer und klebt ihn mit Heißkleber daran fest. Trocknen lassen.
- Die Flasche mit Zucker befüllen und den Deckel aufschrauben.
- Jetzt könnt ihr kreativ werden. Klebt ein DIY-Etikett auf oder bemalt den Zuckerstreuer nach euren Wünschen.

Woche 15

Gute Gewohnheiten – Aufbewahrung im Badezimmer

Das Badezimmer soll ein Ort der Ruhe und Entspannung sein. Leider liegen allzu oft die vielen Kleinigkeiten, die man täglich benötigt, unschön auf dem Waschbeckenrand. Dieses DIY-Badezimmerregal ist einfach gemacht, bringt schnell wieder Ordnung ins Badezimmer und ist auch noch hübsch anzuschauen.

DAS BRAUCHT IHR DAFÜR: DIY

- ein Brett in der gewünschten Größe (unseres ist 50 cm x 24 cm x 1,5 cm)
- Aufbewahrungsgläser, z. B. kleine Einmachgläser oder leere Marmeladengläser
- Schlauchschellen aus Edelstahl (passend zum Durchmesser der Gläser; hier: 70–90 mm Spannbereich)
- Holzschrauben (3,5 x 12 mm)
- Wanddübel (8 mm) und passende Schrauben

Und so geht's:

- Legt zuerst die Position der Gläser auf dem Holzbrett fest. Setzt die Markierungen so, dass die Gläser später in gleichen Abständen auf dem Brett verteilt sind und mittig auf diesem fixiert werden können.
- Schlauchschellen mit einem dünnen Metallbohrer (3 mm) vorbohren. Danach befestigt ihr sie mit Holzschrauben an den zuvor markierten Stellen auf dem Brett.
- Die Gläser in die Schlauchschellen setzen, diese festziehen und das fertige Regal mit Dübeln und Schrauben an der Wand befestigen. Bei Fliesen am besten in die Fugen bohren.

Endlich haben Kosmetik, Wattestäbchen, Zahnbürsten und Co. ein neues Zuhause, das nicht nur praktisch, sondern auch schön ist.

Gute Gewohnheiten – Wochenroutine: Vorkoch-Dienstag/Meal Prep

Nach einem langen Tag mit Job und Kindern bist du viel zu müde und hast abends keine Lust, groß zu kochen?

Meal Prep ist die Lösung für alle, die trotz Familienalltagstrubel Wert auf gesundes Essen legen und dabei Zeit sparen wollen. Meal Prep ist die Abkürzung von dem englischen Ausdruck „Meal Preparation", was so viel bedeutet wie vorkochen und vorbereiten von Mahlzeiten. Anstatt die frischen Lebensmittel nach dem Einkaufen so lange zu lagern, bis du sie für eine Mahlzeit brauchst, werden sie gleich nach dem Einkauf verarbeitet und portionsweise in Dosen oder Einmachgläser verpackt. Für dich bedeutet das: einen Tag vorbereiten und kochen, bis zu sieben Tage genießen. Ein Stressfaktor weniger und mehr Zeit für das Wesentliche!

Was zunächst eher anstrengend klingt, nimmt in der Realität nicht mehr als zwei bis drei Stunden in Anspruch. Der Vorteil: Du musst anschließend nur einmal sauber machen.

Und so geht's:

1. Planung: Suche dir Rezepte heraus, die Meal-Prep-geeignet sind. Welche das sind, hängt unter anderem davon ab, wo du sie später essen möchtest. Für Büro oder Schule, ohne Möglichkeit, die Gerichte zu erwärmen, ist die Rezeptauswahl eingeschränkt. In diesem Fall bieten sich geschichtete Salate im Glas an und Gerichte, die kalt schmecken. Bereitest du das Essen für zu Hause vor, stehen dir alle Möglichkeiten offen. Viele Gerichte schmecken aufgewärmt genauso gut oder sogar besser als frisch gekocht, z. B. Eintöpfe, Aufläufe, Suppen und Gerichte mit Reis.

2. Einkauf: Wenn du weißt, was du kochen möchtest, schreibe deine Einkaufsliste und los geht's! Wenn du dir konzentriert die Zeit zum Planen, Einkaufen und Vorkochen nimmst, kannst du den Lebensmitteln übrigens auch die Aufmerksamkeit schenken, die sie verdienen. Ein weiterer schöner Aspekt.

3. Kochen und Aufbewahren: Wenn du es zeitlich einrichten kannst, bietet es sich an, alle Gerichte für die kommende Woche in einem Zug vorzukochen (Du kannst den Vorkochtag auch auf Sonntag legen, wenn dir das besser passt). Am Schluss verteilst du die einzelnen Gerichte portionsweise auf verschiedene Aufbewahrungsboxen, Dosen und Gläser. Besonders praktisch ist es, wenn die Gefäße mikrowellentauglich sind, damit du den Inhalt nicht noch einmal umfüllen musst. Sind sie dann auch noch stapelbar und lassen sich so gut in Kühlschrank und Tiefkühltruhe verstauen, ist das optimal.

Die meisten Gerichte halten sich drei bis vier Tage im Kühlschrank frisch, bei Spinat, Fisch und Meeresfrüchten solltest du nur mit ein bis zwei Tagen rechnen. Wenn du für die ganze Woche vorkochen möchtest, bist du auf der sicheren Seite, wenn du das fertige Essen einfrierst und am jeweiligen Tag auftaust.

Wenn du dich langsam an Meal Prep herantasten möchtest, solltest du am besten auf bekannte und bewährte Rezepte setzen und erst einmal nur ein oder zwei Gerichte zubereiten. Dass sich die Mühe gelohnt hat, wirst du sofort spüren, wenn du am nächsten Tag nach Hause kommst und ein fertiges, gesundes und selbst gekochtes Essen auf dich wartet, das nur noch aufgewärmt werden muss.

Woche 16

Gute Gewohnheiten – Plastikfreie Küche

Küchenzubehör aus Holz, Glas oder Emaille ist hübsch anzusehen und schön anzufassen. Ob bei der Verpackung der Lebensmittel selbst oder bei den Küchenhelfern, wie Kochlöffel, Schneidebretter oder Behältnissen zur Aufbewahrung, es ist gar nicht so schwer, Plastik zu vermeiden.

1. Wachstücher sind der ideale Ersatz für die klassische Frischhaltefolie aus Plastik. Wachstuch lässt sich wiederverwenden und wird aus Baumwolle und Bienenwachs hergestellt. Sie eignen sich hervorragend zum Einwickeln von Lebensmitteln oder Abdecken von offenen Behältern (das klappt übrigens auch prima mit den selbst genähten Abdeckhäubchen von Woche 29).
2. Schneidebretter aus Plastik könnt ihr einfach durch Schneidebretter aus Holz ersetzen.
3. Plastiktrinkflaschen durch solche aus Edelstahl oder Glas ersetzen.
4. Trinken eure Kinder gerne mit Strohhalm? Dann sind wiederverwendbare Strohhalme aus Glas oder Edelstahl eine gute Anschaffung.
5. Gehäkelte Baumwolllappen statt Mikrofasertuch oder Küchenpapier, das ja immer in Plastik verpackt ist, sind nicht nur funktional, sondern auch sehr hübsch anzusehen.
6. Verwendet statt Aufbewahrungsdosen aus Plastik Einmachgläser und Schraubgläser. Anstatt die Gläser von Essiggurken, Marmelade und Co. wegzuwerfen, könnt ihr sie zur Aufbewahrung weiterverwenden.
7. Spülbürsten gibt es auch aus Holz anstatt aus Plastik, teilweise sogar mit austauschbarem Bürstenkopf.

DIY – Holt euch die Natur ins Haus

Natur hilft uns, Ruhe zu finden und dem hektischen Alltag zu entfliehen, um neue Energie zu tanken. Nicht nur, wenn ihr in der Stadt wohnt und die Natur nur selten genießen könnt, könnt ihr euch mit diesen Ideen die Natur ins Haus holen.

- Natürliche Materialien, Pflanzen und Fundstücke aus dem Wald sorgen für ein wohltuendes Naturgefühl in den eigenen vier Wänden und wirken beruhigend. Pflanzen und Blumen bringen die Natur auf direktem Weg ins Haus und verleihen jedem Raum eine ganz neue Wirkung, unabhängig vom Einrichtungsstil.
- Zimmerpflanzen sehen nicht nur hübsch aus, sondern wirken sich auch positiv auf unsere Gesundheit aus, indem sie giftige Stoffe aus der Luft filtern und die Luftfeuchtigkeit erhöhen. Zu den besten Zimmerpflanzen für saubere Luft gehören Blattfahnen, Sansevierien, Grünlilien und Efeututen.
- Mehr Natur ins Haus bringt ihr auch durch Massivholzmöbel mit sichtbaren Maserungen. Das wirkt einfach natürlich und authentisch.
- Teppiche aus Naturfasern sind sehr gemütlich und verbessern außerdem das Raumklima, weil sie Feuchtigkeit aufnehmen und wieder abgeben können.
- Frische Blumen bringen ein Gefühl der Verbindung zur Natur, auch wenn wir drinnen sind.
- Bastelt eine Garderobe aus Treibholz (siehe Woche 26).
- Ein schlichtes Windlicht wird zum besonderen Blickfang, wenn man getrocknete Äste vom Waldspaziergang um die Kerze drapiert.

- Ein Teller mit Äpfeln im Raum, und der feine Duft erfüllt das ganze Zimmer.
- Erntet Duftpflanzen, wie Lavendel oder Pfefferminze in größeren Mengen und holt sie zum Trocknen in die Wohnung.
- Geschirr im Handmade-Look, Gestricktes und Gewebtes, sprich alles Handgemachte, wirkt echt und natürlich.
- Gesammelte Muscheln lassen sich in ein Windspiel oder in schöne 3-D-Bilder verwandeln (siehe Woche 33).

Woche 17

Gute Gewohnheiten – Digital Detox

Fällt es dir auch manchmal schwer, den Blick vom Handy zu nehmen und merkst du, dass du oft nicht richtig bei der Sache bist, oder deine Kinder auf später vertröstest, weil du noch schnell deine Mails oder Facebook checken willst?

Fernseher, Handy, Computer – ständig sind wir von irgendwelchen Bildschirmen umgeben. Doch statt unser Leben zu vereinfachen, machen sie es oft komplizierter. Sie lenken uns ab und fordern ständig unsere Aufmerksamkeit. Oder kannst du dich auf ein Gespräch konzentrieren, während der Fernseher läuft oder dein Handy ständig piepst, vibriert und irgendeine ach so wichtige Benachrichtigung anzeigt?

Du liebst deine Familie und möchtest, dass alle Mitglieder spüren, wie wichtig sie dir sind. Darum lasse ab sofort nicht mehr den Fernseher nebenbei laufen und verbanne Handys, Tablets etc. vom Esstisch oder wenn ihr euch unterhaltet.

Du musst ja nicht gleich den Fernseher rauswerfen (wobei ich die Idee gar nicht schlecht finde; in unserer Familie konnten wir uns aber noch nicht ganz dazu durchringen) oder die Verbindung zum Internet kappen. Aber fange doch mal damit an, die Benachrichtigungsfunktion an deinem Smartphone abzuschalten, führe feste Tageszeiten ein, an denen du deine Mails checkst, und lege handyfreie Zeiten und Zonen fest.

Leichter lässt sich das Ganze umsetzen, wenn ihr damit bestimmte Rituale verknüpft. Das kann das gemeinsame Essen sein oder das Einsammeln aller Smartphones über Nacht in einer dafür vorgesehenen Schublade. Aber auch gemeinsame Spaziergänge am Wochenende, regelmäßige Ausflüge oder Spieleabende ohne Handy helfen.

Bewusst zu verzichten ist gar nicht so schwer, macht vor allem weniger abhängig und stärkt die Beziehungen innerhalb eurer Familie. Wenn du deinen Kindern vorlebst, dass die reale Welt viel spannender und interessanter ist, dann zeigst du ihnen bereits von klein an einen vernünftigen und bewussten Umgang mit digitalen Medien.

DIY – Putzmittel

Auch bei Putzmitteln ist weniger tatsächlich mehr. Um euren Haushalt sauber und frisch zu halten, braucht es gar nicht so viel.

Selbst gemacht spart zudem viel Plastik und ist besser für die Gesundheit, die Umwelt und den Geldbeutel. Also: einfach mal ausprobieren!

Im Prinzip brauchst du im Haushalt zwei Reiniger. Einen mit niedrigem pH-Wert, der vor allem Kalk entfernt, und einen mit hohem pH-Wert, der bei fetthaltigen Verschmutzungen zum Einsatz kommt.

Für den Reiniger mit niedrigem pH-Wert kann man Essig oder Zitronensäure benutzen. Für den mit hohem pH-Wert eignet sich Waschsoda oder Natron.

DAS BRAUCHT IHR FÜR ETWA 750 ML ESSIGREINIGER: DIY

- 2 Tassen weißen Essig
- 1 Tasse Wasser
- 20 Tropfen ätherisches Eukalyptus-, Teebaum- oder Lavendelöl
- 1 Sprühflasche, z. B. eine leere Flasche deines bisherigen Reinigers

Und so geht's:
Vermischt alle Zutaten und gebt sie in die ausgespülte Flasche.

Du kannst den Allzweckreiniger im Grunde für alles verwendenden (Vorsicht allerdings bei Naturstein!). Außerdem hat Essig eine desinfizierende Wirkung und beseitigt Bakterien und Keime.

- **Küche:** Aufsprühen, kurz einwirken lassen, abwischen.
- **Badezimmer:** Dieser Allzweckreiniger ist ein super Badreiniger, den du auch als WC-Reiniger benutzen kannst. Die WC-Schüssel damit einsprühen, einen guten Schuss davon in die Toilette geben, 5 bis 10 Minuten einwirken lassen, mit einer WC-Bürste schrubben. Optional: 1–2 Tropfen ätherisches Öl nach dem Putzen in die Toilette geben und der ganze Raum duftet wunderbar frisch.
- **Fenster und Spiegel:** Aufsprühen, mit einem Lappen drüberwischen, trocknen lassen. Mit einem trockenen Tuch nachpolieren.

DAS BRAUCHT IHR FÜR SCHEUERPASTE MIT NATRON: DIY

- Eine Tasse Natron
- Etwas Wasser

Und so geht's:
Zum Natron nach und nach etwas Wasser dazugeben und verrühren, bis eine homogene Paste entsteht. Diese könnt ihr gut für Angebranntes im Backofen oder der Pfanne verwenden. Auch Fliesenfugen bekommt ihr damit wieder schön sauber.

Woche 18

Ordnung – Müsli-Station einrichten

Sicher kennst du auch den Spagat. Auf der einen Seite möchtest du deine Kinder gut ernähren, auf der anderen Seite soll es ihnen natürlich auch schmecken. Bist du auch manchmal hin und hergerissen, wenn es um süße Frühstücksflocken geht? Oft kommt das Knusper-Schoko-Müsli besser an als die einfarbige Biokörnerkombi. Leider enthalten viele fertige Müslis aber extrem viel Zucker und Fett.

Versucht es doch mal mit einem leckeren selbst gemachten Müsli aus eurer eigenen Müslistation. Sie ist ein Schmuckstück für eure Küche und erleichtert euch die morgendliche Zubereitung eures Frühstücks.

Die Zutaten für ein leckeres und gesundes Müsli kannst du appetitlich und einladend präsentieren, indem du unterschiedliche Flocken, Nüsse und Trockenfrüchte in hübschen Gläsern zu einer Müslistation zusammenstellst. Das kann auf einem Regal, in einer hohen Schublade oder auf einem Beistelltisch sein.

Hier können sich deine Kinder dann ihre eigene Müslikombination zum Frühstück zusammenstellen. Mit wenigen Handgriffen ist eine vollwertige Mahlzeit fertig.

Ergänzen könnt ihr das Ganze nach Belieben noch mit Joghurt, Milch oder Pflanzenmilch und frischem Obst. Wetten, das selbst gemischte Müsli werden deine Kinder mit Hingabe verputzen? Probiert es mal aus!

Gute Gewohnheiten – Tägliche Aufräumroutine

Ein ordentliches und sauberes Zuhause ist einfach schön. Dabei musst du nicht jeden Tag stundenlang ins Aufräumen oder Putzen investieren. Schaffe dir eine tägliche Routine, mit der du die wichtigsten Sachen in kurzer Zeit schaffst. Und das Tolle an Routinen ist, dass du sie kurzerhand wie von selbst erledigst.

1. Mache jeden Morgen die Betten. Das ganze Schlafzimmer wirkt aufgeräumter, wenn das Bett gemacht wurde. Und es ist einfach schön, abends in ein gemachtes Bett zu schlüpfen.
2. Wische Dusche und Waschbecken nach der Benutzung trocken. So können Seifen- und Kalkflecken sich gar nicht erst festsetzen, und das ganze Bad sieht gleich viel ordentlicher und sauberer aus.
3. Reibe auch die Küchenspüle nach dem Benutzen mit einem Lappen aus. Mit einer sauberen Spüle wirkt die ganze Küche viel einladender.
4. Räume die Spülmaschine aus, damit kein Stau entsteht und sich dreckige Töpfe und Teller nicht in der Spüle stapeln.

5 Plane täglich etwas Zeit ein, um nach der 5-Minuten-Regel aufzuräumen. Und das geht so: Stelle dir einen Timer auf 5 Minuten und räume während dieser Zeit in einem Zimmer auf. Das hört sich zunächst nach wenig an, aber 5 Minuten für ein Zimmer ist wirklich lange. Noch schneller geht es, wenn ihr als Familie zusammenarbeitet. Ihr werdet staunen, was ihr in der kurzen Zeit alles schafft. Kombiniere das noch mit der Korbmethode: Schnappe dir einen Korb und packe alle Dinge, die nicht in diesen Raum gehören, in den Korb. Im Anschluss bringst du sie an ihren jeweiligen Bestimmungsort. Das geht schnell und macht sogar noch Spaß!

6 Räume die Küche auf, bevor du ins Bett gehst. Oder die ganze Familie macht es zusammen. Auch bei solchen weniger beliebten Tätigkeiten kann man eine gute Zeit miteinander verbringen. Es kommt nur auf die Einstellung an. Und morgens in eine ordentliche und aufgeräumte Küche zu kommen, sorgt einfach für einen guten Start in den Tag.

Woche 19

Ordnung – Kuschelige Hängematte

Kuscheltiere sind die Lieblinge deiner Kinder, aber leider haben sie noch keinen festen Platz und fristen ihr Dasein verteilt auf dem Fußboden des Kinderzimmers?

Dann finden sie ab sofort in dieser schönen Hängematte für Kuscheltiere ein neues Zuhause, in dem sie sich schnell aufräumen lassen und das gleichzeitig eine hübsche Deko für eine bisher leere Ecke des Kinderzimmers darstellt.

DAS BRAUCHST DU DAFÜR: DIY

- 1 x 1 m Stoff (Jersey oder Webware funktionieren gut)
- Schrägband zur Versäuberung der Kanten
- 3 Haken fürs Aufhängen der Hängematte an der Wand

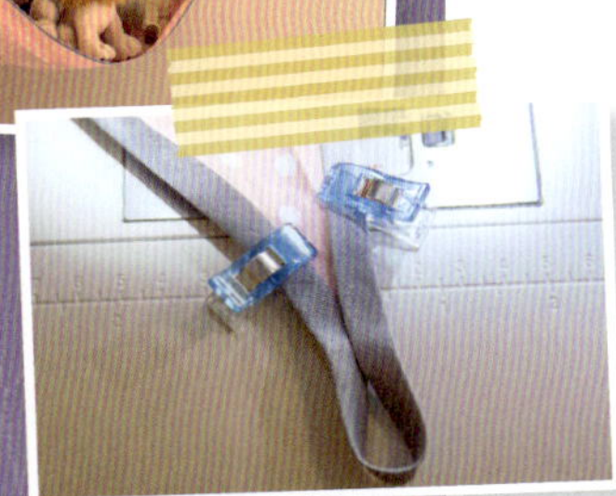

Und so geht's:

- Lege den Stoff diagonal links auf links aufeinander, sodass ein Dreieck entsteht.
- Lege nun das Schrägband um die Kanten des Stoffdreiecks und stecke es fest.
- Lasse dabei am Anfang ca. 10 cm überstehen und bilde daraus eine Schlaufe.
- Nähe nun das Schrägband rundherum fest. Wenn du dabei an eine Ecke gelangst, nähe für ca. 10 cm weiter das Schrägband (ohne den Stoff) zusammen und lege es zu einer Schlaufe, bevor du an der nächsten Seite des Dreiecks weiternähst (siehe Foto).
- Befestige die Haken in einer Zimmerecke an der Wand und hänge die drei Schlaufen der Hängematte ein.

DIY – Trittsteine für den Garten

Trittsteine für den Garten könnt ihr schnell und mit wenig Aufwand selbst gestalten. Hier können auch kleinere Kinder mitmachen, denn es geht nicht um ein perfektes Ergebnis, sondern um das gemeinsame Gestalten und den Spaß an der Sache. Mit Hand- oder Fußabdrücken und bunten Glassteinen verziert, sind sie ein absoluter Hingucker im Garten und eine schöne Erinnerung. Vielleicht macht ihr ab sofort jedes Jahr einen pro Kind?

DAS BRAUCHT IHR DAFÜR:

DIY

- Zement
- Sand
- Wasser
- Glas- oder Mosaiksteine
- Holzbretter für die Form in der gewünschten Länge (unsere sind je 40 cm lang)
- grobes Schleifpapier

Und so geht's:

- Zuerst schraubt ihr aus den Holzbrettern einen Rahmen zusammen, in den ihr die Trittplatten gießen könnt.
- Diesen Rahmen legt ihr auf ein Stück reißfeste Folie (von dieser könnt ihr später den fertigen Trittstein wieder gut ablösen).
- Nun rührt ihr aus Zement, Sand und Wasser den Beton für die Steine zusammen.
- Den Beton gebt ihr mithilfe einer Schaufel in den Rahmen und streicht ihn schön glatt.
- Jetzt dürft ihr kreativ werden. Verziert die Trittsteine mit Hand- oder Fußabdrücken und bunten Glassteinen.
- Lasst das Ganze anschließend 24 Stunden durchtrocknen.
- Zuletzt schraubt ihr den Rahmen auseinander und löst die Bretter und die Folie vom Trittstein ab.
- Schleift eventuelle raue Stellen mit etwas grobem Schleifpapier ab.

Woche 20

Ordnung – Spielzeug reduzieren

Erinnerst du dich noch an die Spielsachen, mit denen du als Kind am liebsten gespielt hast? Wahrscheinlich waren es nur wenige Sachen, die du wirklich gern hattest und oft benutzt hast. Wie viel Spielzeug haben deine Kinder heute? Zu viel Spielzeug, auch wenn es tolles Lernspielzeug ist, fördert nicht, sondern beschränkt das kreative Spiel. Wenn Kinder zu vielen Reizen ausgesetzt sind, wechseln sie nämlich zu schnell von einer Sache zur nächsten und beschäftigen sich kaum intensiv mit einem Spielzeug.

Viel förderlicher ist es, nur wenige ausgewählte Spielsachen anzubieten. Ein Kind sollte fantasievoll spielen können, sich über längere Zeit in ein Spiel vertiefen und so seine eigene Welt erschaffen.

Darum ist es sinnvoll auszusortieren, aber bitte nicht ohne die Kinder miteinzubeziehen. Dabei hilft es, das Kind zu fragen: „Welche zwei Puppen möchtest Du unbedingt behalten?“ anstatt „Welche Puppen können wir weggeben?“ So könnt ihr den Fokus auf die Spielzeuge lenken, die den Kindern wichtig sind. Das hilft ihnen zu erkennen, an welchen Dingen ihr Herz hängt und was sie eigentlich gar nicht so besonders gerne mögen. Es ist wichtig, den Kindern zu erklären, warum man Dinge aussortiert und ihnen die Vorteile zu erklären, die ein ordentliches und übersichtliches Kinderzimmer für sie hat. Wenn man mit den Kindern dann noch bespricht, wohin die aussortierten Sachen kommen, z.B. zu Kindern, die kaum etwas zu spielen haben oder dass man sie verkauft, sodass das Kind das Geld für einen größeren Wunsch sparen kann, werden sie sich leichter von Dingen trennen können.

Ihr könnt das Aussortieren ja mit einer kleinen Umgestaltung und Verschönerung des Kinderzimmers verbinden: So wird das eigene kleine Reich noch gemütlicher und lädt zum ausgiebigen Spielen ein.

DIY – Lieblingstassen aufhängen

Hast du auch schöne Tassen, die du besonders gerne magst? Die, zu denen du am Montagmorgen greifst und die dir den Tag gleich ein wenig schöner machen?

Dann stelle deine Lieblingsstücke doch ab sofort zur Schau und genieße ihren Anblick jeden Tag, anstatt sie im Schrank zu verstecken.

DIY **DAS BRAUCHT IHR DAFÜR:**

- Drahtgitter (wir haben Kellerfenstergewebe mit Maschenweite 25,4 x 50,8 x 2,05 mm) aus dem Baumarkt in der gewünschten Größe zuschneiden (unseres ist 80 cm breit und 30 cm hoch)
- Holzperlen (eine pro Tasse)
- Heißkleber

Und so geht's:

- Dort wo eine Tasse hinkommt, das Gitter auf einer Seite mit einem Seitenschneider abzwicken und etwas aufbiegen.
- Auf den Abschnitt mit Heißkleber eine Holzperle aufkleben und gut trocknen lassen.
- Gitter mit Schrauben und großen Unterlegscheiben an der Wand befestigen.
- Tassen dranhängen – fertig!

Die Auswahl deiner Lieblingstassen bietet übrigens eine gute Gelegenheit, weniger geliebte oder angeschlagene Exemplare auszusortieren und künftig nur noch Lieblingsstücke zu besitzen.

Deine Familie kann sich nicht von ihrer Tassensammlung trennen, obwohl der Schrank bereits überquillt? Wie wäre es, wenn ihr eine bestimmte Anzahl an Tassen pro Person vereinbart, die jeder behalten darf, z. B. drei Stück? Zur Belohnung dürfen diese besonderen Stücke dann mit an die Tassenaufhängung.

Woche 21

Ordnung – Kleiderschränke der Kinder aussortieren

Kinderkleidung mag zwar klein sein, aber sie kann unglaublich schnell beträchtliche Anteile des Stauraums einnehmen, der uns zur Verfügung steht.

Solange unsere Kinder wachsen, lässt es sich leider nicht vermeiden. fortlaufend auszusortieren und zu aktualisieren. Du kannst dir dieses permanente Aussortieren aber erleichtern, indem du dir ein Ordnungssystem schaffst. Das hilft dir, den Überblick zu behalten und die Lieblingsstücke deiner Kinder jederzeit wiederzufinden.

So bekommst du die Kleidung deiner Kinder in den Griff:

1. **Alles raus.** Zuerst einmal kommen alle Kleider raus aus dem Schrank auf einen Haufen auf dem Fußboden. Den Schrank räumst du komplett leer und wischst ihn einmal ordentlich aus.
2. **Sortieren.** Jetzt gehst du alle Teile durch und sortierst alles aus, was zu klein, zu groß, kaputt ist oder Flecken hat.
3. **Gleiches zu Gleichem.** Nun ordnest du Hosen zu Hosen, Pullis zu Pullis usw.
4. **Einräumen.** Jetzt kommen die übrigen Sachen wieder zurück in den Schrank, nach Kategorien sortiert und idealerweise so, dass die Kinder sie selbst erreichen können.
5. **Beschriften** in Wort und/oder Bild.

Durch die reduzierte Menge erleichterst du dir die tägliche Arbeit. Und auch für die Kinder wird es wesentlich übersichtlicher. Das hilft auch ihnen bei der täglichen Auswahl der Kleidung.

Wenn Deine Kinder schon etwas größer sind, können sie ihre Kleidung selbst in den Schrank einräumen, weil nun ganz klar ist, was wohin gehört und sie nicht mit zu hohen Stapeln kämpfen müssen. Die Beschriftung hilft übrigens nicht nur Kindern, gesuchte Kleidung zu finden, sondern auch Oma, Opa oder dem Babysitter.

DIY – Lernturm für Kleinkinder

Die Kleinen möchten immer gerne mit dabei sein, wenn man in der Küche zu tun hat, und sehen, was die Großen da alles machen. Arbeiten mit Kind auf dem Arm ist aber nicht wirklich entspannt. Und auf der Küchenarbeitsfläche können die Kinder zwar mitmachen, es besteht aber ständig Absturzgefahr.

Eine wirklich tolle Sache ist darum ein Lernturm für Kleinkinder: ein umgebauter Tritthocker, der es den Kleinen möglich macht, sicher auf Höhe der Küchenarbeitsplatte zu stehen und so endlich mithelfen zu können.

DAS BRAUCHT IHR DAFÜR:

DIY

- Tritthocker (wir haben IKEA BEKVÄM verwendet)
- Hocker (wir haben IKEA ODDVAR verwendet)
- ein Paar zusätzliche Schrauben
- Spachtelmasse
- Farbe (ich verwende am liebsten Kreidefarbe) und Farbrolle/Pinsel

Und so geht's:

- Baut den Tritthocker ganz normal nach Anleitung zusammen.
- Nun kommt der Hocker dran. Auch dieser wird weitestgehend nach Anleitung aufgebaut. Aber die Sitzfläche kommt nicht oben auf den Hocker, sondern nach unten. Denn diese bildet anschließend den Boden des Lernturms und wird mit dem Tritthocker verbunden. Außerdem lasst ihr eine Strebe des Hockers aus, damit euer Kind anschließend auch in den Lernturm reinklettern kann.
- Da ihr die Sitzfläche unten angebracht und eine Strebe ausgelassen habt, sind jetzt einige vorgebohrte Löcher zu sehen. Wenn die euch stören, könnt ihr sie mit Spachtelmasse schließen.
- Nun schraubt ihr die Sitzfläche des Hockers mit dem Tritthocker zusammen.
- Wenn ihr möchtet, könnt ihr den Lernturm noch lackieren.

Ab sofort ist auch der kleinste Koch immer auf Augenhöhe mit dabei!

Woche 22

Ordnung – Zeit zum Ausmisten finden

Zu Hause nur noch von Dingen umgeben zu sein, die du liebst und gerne benutzt. Kein Kram mehr, kein Gerümpel, keine überflüssigen und heimatlosen Sachen mehr, die durchs Haus wandern. Das klingt wunderbar! Hört sich für dich aber auch unerreichbar fern an?

Wenn du bereits jeden Tag mehr als genug zu tun hast und du dir mehr als einmal bereits gewünscht hast, dein Tag hätte ein paar Stunden mehr, damit du alles schaffst, dann ist es schwer, dir vorzustellen, wo du nun auch noch Zeit fürs Ausmisten hernehmen sollst.

Aber seien wir ehrlich: Man hat die Zeit, die man sich nimmt. Du bestimmst über deine Zeit. Es liegt tatsächlich in deiner Hand.

Dein Zuhause wirklich grundlegend von überflüssigem Kram zu befreien, ist keine leichte Aufgabe, aber eine absolut lohnenswerte. Die Zeit, die du damit verbringst auszumisten, wirst du danach um ein Vielfaches wiederbekommen, indem das Aufräumen und Saubermachen viel schneller geht, du viel seltener Dinge suchen musst und dich insgesamt viel wohler fühlen wirst.

Wie findest du aber nun die Zeit, die du für diese wichtige Aufgabe brauchst, auch wenn dein Zeitplan eigentlich nichts mehr hergibt?

Erkläre das Projekt „ausmisten“ zur absoluten Priorität.

Hast du die Möglichkeit, einen oder mehrere Tage freizunehmen? Du kannst dir wahrscheinlich Schöneres vorstellen, als Urlaubstage zum Ausmisten zu verwenden, aber das Ergebnis ist es so was von wert, das verspreche ich dir. Vielleicht kannst du dir für die nächsten Wochen auch den Samstagvormittag reservieren? Oder könntest du einen oder mehrere Abende pro Woche etwas länger wach bleiben, oder den Fernseher ausgeschaltet lassen, um Fortschritte zu machen?

Werde kreativ und schaffe dir den Raum, den du brauchst, um dein Haus Stück für Stück auszumisten und in ein gemütliches Zuhause zu verwandeln. Es ist die Mühe allemal wert.

DIY – Waschmittel

Waschmittel selbst herzustellen ist ganz einfach, sehr günstig und geht ganz schnell. Auch Gras- und Schokoflecken in Kinderkleidung lassen sich mit einfachen natürlichen Mitteln entfernen.

DIY

DAS BRAUCHT IHR FÜR ZWEI LITER FLÜSSIGWASCHMITTEL:

- 30 g Kernseife
- 4 EL Waschsoda
- 2 l Wasser
- 10 Tropfen ätherisches Öl (falls gewünscht; Lavendel oder Zitrone sorgen für dezenten angenehmen Duft der Wäsche)

Und so geht's:

- Kernseife fein raspeln oder mit dem Messer klein schneiden und in eine große Schüssel geben.
- Waschsoda hinzufügen.
- Wasser separat aufkochen und über die Zutaten gießen.
- Mit dem Schneebesen oder in der Küchenmaschine kräftig verrühren, bis alles gut vermischt ist.
- Abkühlen lassen und nach Wunsch ätherische Öle unterrühren.
- In Flaschen oder Kanister abfüllen.

Vor der Verwendung jeweils kräftig durchschütteln und je nach Härte- und Verschmutzungsgrad 100 bis 200 Milliliter pro Wäsche benutzen. Für weiße Wäsche noch einen Teelöffel Natron dazugeben. Ein kräftiger Schuss Essig ersetzt den Weichspüler und verhindert, dass Seifenreste in den Fasern zurückbleiben (allerdings bitte nicht für Wolle und Seide verwenden).

Natürliche Fleckentferner

Grasflecken kannst gut entfernen, indem du sie vor der Wäsche anfeuchtest und gut mit Kernseife einreibst.

Flecken auf weißer Wäsche kannst du prima mit Zitronensäure bleichen. Dafür löst du zwei Esslöffel Zitronensäure in zwei Liter Wasser auf und weichst die Wäsche darin ein bis zwei Stunden ein. Anschließend wie gewohnt waschen und idealerweise in der Sonne trocknen (das bleicht zusätzlich).

Frische Flecken mit Blut, Ketchup, Schokolade oder Wein tränkst du großzügig mit Essig und wäschst sie so bald wie möglich.

Bereits eingetrocknete oder besonders hartnäckige Flecken kannst du mit einer Natronpaste vorbehandeln. Vermische dazu drei Esslöffel Natron mit einem Esslöffel Wasser und reibe diese Paste auf den Fleck. Ein bis zwei Stunden einwirken lassen und im Anschluss normal waschen. Bei sehr empfindlichen Stoffen bitte, wie immer, vorsichtig sein.

Woche 23

Gute Gewohnheiten – Hygge-Liste Sommer

Im Sommer zieht es alle nach draußen. Welche Hygge-Momente möchtet ihr diesen Sommer auf jeden Fall genießen?

ANREGUNGEN FÜR HYGGELIGE AKTIVITÄTEN IM SOMMER:

- Eis selbst machen
- Wasserbombenschlacht
- Grillen im Garten oder auf dem Balkon
- Zelten gehen
- Sandburgen bauen
- Sternschnuppen beobachten
- Eine Nachtwanderung machen
- Eine Schifffahrt machen
- So viel wie möglich barfuß laufen
- Erdbeermarmelade einkochen
- Stand-up-Paddeln ausprobieren
- Kirschen selber pflücken
- Über den Markt bummeln
- Alle Freibäder der Umgebung ausprobieren
- Eine Fahrradtour machen
- Steine bemalen
- Ein Lagerfeuer machen
- Draußen schlafen
- Limonade selbst machen
- Zusammen eingekuschelt ein Gewitter beobachten
- Einen Tag im Freizeitpark verbringen
- Ponyreiten
- Eine Burg oder ein Schloss besichtigen
- Muscheln sammeln am Strand
- Ein Insektenhotel bauen
- Einen großen Strauß mit Wiesenblumen pflücken
- So oft wie möglich draußen essen – vom Frühstück bis zum Abendbrot
- Bunte Eiswürfel mit Früchten und Kräutern machen

DIY – Unser Familienleitbild

> **Familienleitbild**
>
> WIR ERLEBEN ZUSAMMEN ABENTEUER, REISEN UND ENTDECKEN DIE WELT.
>
> UNSER ZUHAUSE IST UNSER KRAFTORT. HIER FINDEN WIR RUHE, LIEBE UND GEBORGENHEIT.
>
> GÄSTE SIND UNS STETS WILLKOMMEN.
>
> EINANDER UND ANDEREN BEGEGNEN WIR MIT LIEBE, FREUNDLICHKEIT UND GROSSZÜGIGKEIT.
>
> WIR LEBEN EINFACH, FREI UND LEICHT.
>
> WIR HALTEN ZUSAMMEN UND UNTERSTÜTZEN UNS GEGENSEITIG.
>
> WIR SIND DANKBAR UND ZUFRIEDEN.
>
> WIR LEBEN UNSERE TRÄUME UND GEBEN UNSER BESTES.

Die Idee ist einfach und doch sehr machtvoll: Findet eure Prioritäten als Familie und lebt danach. Ein Familienleitbild ist dabei der Fixstern auf eurer gemeinsamen Reise durchs Leben. Es hilft euch, Fortschritte zu erkennen, zeigt euch aber auch, wann ihr vom Kurs abkommt.

Das Familienleitbild beschreibt die Quintessenz eurer Familie, was ihr wirklich sein und tun wollt, und nach welchen Werten ihr Leben wollt. Das gibt euch das gute Gefühl, das Wichtige vom Dringenden unterscheiden zu können.

Je nach Alter eurer Kinder könnt ihr sie gut in die Entwicklung eures Familienleitbildes einbinden. Je nachdem, wie viele Gedanken ihr euch bereits dazu gemacht habt, was euch als Familie wichtig ist, werdet ihr dafür einen oder mehrere Abende benötigen. Insgesamt könnt ihr zwei bis sechs Stunden dafür einplanen.

Stellt euch zunächst folgende Fragen:

- Welche Stärken haben die einzelnen Mitglieder unserer Familie?
- Was macht uns als Familie einzigartig?
- Wie würden andere Leute unsere Familie als Ganzes beschreiben?
- Welche vier Prioritäten wollen wir als Familie am höchsten setzen?
- Wie können wir uns gegenseitig unterstützen?
- Welche drei Dinge können wir als Familie noch besser machen?
- Von welcher Atmosphäre soll unser Zuhause erfüllt sein?

Beschreibt, wie ihr euch eure Familie in zehn Jahren vorstellt:

- Emotional
- In finanzieller Hinsicht
- In Beziehung zueinander
- In der Gemeinschaft zu anderen
- Wo werdet ihr als Familie in zehn Jahren sein? Wie wird euer Zuhause aussehen?

Jedes Familienmitglied soll gehört werden. Es gibt keine falschen Antworten. Schreibt alle Ideen und Antworten auf.

- Gibt es einen roten Faden, der sich durch eure Antworten zieht? Markiert euch solche Themen, die wiederholt auftauchen, und findet einen Begriff, der sie gut beschreibt. Wenn ihr z. B. sparsam leben wollt ohne unnützes Zeug und viel freie Zeit als Familie genießen wollt, könntet ihr Einfachheit als Begriff wählen.
- Skizziert einen ersten Entwurf eures Familienleitbilds, indem ihr eure Antworten zusammenfasst. Es gibt hierbei kein Richtig oder Falsch.
- Geht den Entwurf noch einmal durch, ob er euch als Familie gut widerspiegelt. Am besten solltet ihr es kurz, zeitlos und anwendbar halten.
- Wenn ihr euer Familienleitbild fertig habt, könnt ihr es ausdrucken, einrahmen und gut sichtbar aufhängen, sodass es euch regelmäßig an eure Ziele und Werte erinnert.

Woche 24

Ordnung – Coole Ideen für dein sommerliches Zuhause

Der Sommer ist einfach herrlich, oder? Aber nur, solange man sich auch mal ins kühle Zuhause zurückziehen kann, wenn einem die Hitze zu viel wird. So hältst du deine Wohnung an heißen Sommertagen kühl:

- **Frische Brise.** Nutze einen Ventilator, um eine leichte Kühlung zu erreichen. Zusätzlich kannst du dir immer mal wieder kühles Wasser über die Handgelenke laufen lassen und Gesicht und Nacken mit Wasser benetzen.
- **Lasse die Hitze draußen.** Lüfte ausschließlich morgens, und wenn du magst, auch nachts dein gesamtes Zuhause durch und sorge für ordentlich Frischluftzufuhr und Durchzug, solange die hereinkommende Luft kühler ist als die im Inneren des Hauses. Lasse die Fenster tagsüber konsequent geschlossen. Lasse überall dort, wo du kein Tageslicht benötigst, Jalousien und Rollos herunter oder schließe die Fensterläden.
- **Sommerfrische fürs Zuhause.** Entferne alles Schwere, Wärmende und lasse alles Leichte, Kühlende, Frische einziehen. Räume die schweren Vorhänge und dicken Teppiche bis zum Winter weg. Nutze dagegen leichte und frisch wirkende Stoffe und Materialien. Das können ein leichter, transparenter Vorhang sein oder Accessoires aus Seide und Leinen, Gegenstände aus Metall und Marmor, Accessoires in kühlen Farben, wie zum Beispiel Blau in allen Schattierungen, Weiß, Hellgrau oder Pastelltönen. Hänge Bilder oder Poster auf, die dir allein durch ihren Anblick Kühle vermitteln, wie z. B. Strandszenen, ein mediterranes Dörfchen oder ein kühler Wasserfall.
- **Gut schlafen in lauen Sommernächten.** Nutze eine leichte Sommerdecke oder nur ein leichtes Betttuch und angenehme Sommerbettwäsche in kühl wirkenden Farben und aus kühlenden Materialien, wie Seide oder Leinen. So bleibst du auch in heißen Sommernächten cool.

DIY – Deocreme

Selbst gemachte Körperpflege fühlt sich einfach gut an. Und ihr wisst, was drin ist und was eben auch nicht. Diese Deocreme ist einfach, schnell gemacht und sehr günstig. Den Duft könnt ihr nach Lust und Laune oder Jahreszeit anpassen.

Die fertige Deocreme könnt ihr zur Anwendung einfach mit dem Finger entnehmen und die Achseln eincremen.

DIY **DAS BRAUCHT IHR DAFÜR:**

- 3 TL Kokosöl
- 2 TL Natron
- 2 TL Speisestärke
- 5 Tropfen ätherisches Öl (optional)

Und so geht's:

- Das Kokosöl leicht im Wasserbad erwärmen, bis es flüssig wird.
- Natron und Speisestärke miteinander vermischen.
- Nach und nach das Kokosöl dazugeben und verrühren, bis eine cremige Konsistenz entsteht.
- Falls notwendig, könnt ihr noch etwas mehr Kokosöl hinzufügen, bis die Konsistenz passt.
- Wenn ihr mögt, gebt ihr noch 5 Tropfen ätherisches Öl dazu (z. B. Pfefferminze, Lavendel, Zitrone).
- Deocreme in ein leeres Döschen oder einen Cremetiegel füllen.

(cocos nucifera)

Woche 25

Gute Gewohnheiten – Wir feiern die Schulferien

Egal was der Kalender sagt, der Sommer fängt doch erst dann richtig an, wenn die großen Ferien beginnen. Und das möchte doch gebührend gefeiert werden, oder?

Macht doch eine Liste mit Dingen, die eure Kinder und ihr am ersten Ferientag machen möchtet, um mit Schwung in die Ferien zu starten, z. B. Waffeln zum Frühstück, dann ein Ausflug zum Wasserspielplatz, nachmittags selbst gemachtes Eis und abends eine Nachtwanderung.

Oder wie wäre es mit einem Wochenendtrip, zu dem ihr die Kinder direkt von der Schule abholt und dessen Ziel sie während der Fahrt erraten dürfen?

Und nicht nur der Beginn, auch das Ende der Ferien darf gefeiert werden.

Ein besonderes Familienessen am letzten Ferientag, bei dem ihr auf die vor euch liegende Zeit blickt und vielleicht Pläne und Ziele für das neue Schuljahr formuliert, kann zu einer schönen Tradition werden. Vor allem geht es darum, sich bewusst Zeit füreinander zu nehmen, bevor die Hektik des Schulalltags wieder beginnt.

Auch für bereits erfahrene größere Schulkinder kann der erste Schultag nach den Ferien mit Aufregung und Nervosität verbunden sein. Ein kleines gemeinsames (wieder abwaschbares) „Tattoo“ kann beiden, Eltern und Kind, Mut machen.

Gute Gewohnheiten – Gemeinsam kochen und genießen

Essen macht glücklich, und das Glück fängt schon bei der Zubereitung an. Bereits beim Schneiden, Rühren, Abschmecken und Anrichten kann man entspannen. Voraussetzung ist, dass man sich Zeit nimmt für eine sorgfältige Zubereitung.

Mit hungrigen Kindern im Nacken ist das manchmal leichter gesagt als getan. In stressigen Zeiten kann das Vorkochen bzw. Meal Prep (siehe Woche 15) eine gute Möglichkeit sein, in kurzer Zeit ein leckeres Essen auf dem Tisch zu haben.

Wenn ihr aber etwas mehr Luft habt, ist es sehr schön, als Familie gemeinsam zu kochen und zu backen. Geht es doch bei Hygge elementar auch darum, schöne Momente gemeinsam zu erleben und Erfahrungen zu teilen. Drehen sich nicht einige der schönsten Kindheitserinnerungen rund um die Küche und das Essen?

Vielleicht hat ja auch die Oma Lust, an einem Tag im Monat ihre besten Rezepte an euch weiterzugeben und euch die Tricks und Kniffe bei der Zubereitung zu zeigen. Generationenübergreifendes Kochen und Genießen sozusagen. Die gemeinsam verbrachte Zeit und das Wissen um die alten Rezepte sind wahre Schätze und mit Geld nicht zu bezahlen.

Wenn eines eurer Ziele ist, öfter mal liebe Freunde einzuladen, dann macht euch doch gemeinsam an die Arbeit, werkelt zusammen in der Küche und genießt euer gemeinsames Werk bei einem schönen Abendessen. Gemeinsam kochen vereint Spaß, Genuss und Geselligkeit. Die Küche ist ruck, zuck sauber gemacht, wenn alle mit anpacken.

Für ein gemeinsames Hobby außer Haus fehlt euch die Zeit, oder es ist euch zu umständlich oder teuer, wöchentlich einen Babysitter zu engagieren? Gemeinsame Unternehmungen stärken eure Partnerschaft. Warum beginnt ihr nicht beim gemeinsamen Kochen?

Bereitet für die Kinder ein einfaches frühes Abendessen zu und wenn sie im Bett sind, trefft ihr euch in der Küche. Zu zweit werkelt es sich einfach schön, denn gemeinsam kochen bedeutet, aus seiner Routine auszubrechen und voneinander zu lernen.

Dank Teamwork und Beitrag beider Partner wird das gemeinsam zubereitete Gericht viel besser schmecken als ein Essen in Eigenregie. Mit ein paar schönen Wohlfühl-Rezepten macht ihr euch so einen gemütlichen Abend daheim.

Woche 26

DIY – Garderobe aus Treibholz

Sommer, Sonne und Wasser. Haben die Kinder beim letzten Ausflug ans Meer oder den See Treibholz gesammelt und ihr wisst nicht, was ihr damit anfangen könntet? Wie wäre es mit einer sommerlichen Garderobe aus Treibholz, die beim Nachhausekommen Urlaubserinnerungen weckt?

DAS BRAUCHT IHR DAFÜR: DIY

- Treibholz in der gewünschten Größe
- Möbelgriffe

Und so geht's:

- Das Holzstück, wenn nötig, auf die gewünschte Länge sägen und mit einer Bürste säubern.
- Für die Schrauben der Möbelgriffe ein 4 mm großes Loch durch das Treibholz bohren.
- Sollten die vorhandenen Schrauben zu kurz sein, kann von hinten das Loch mit einem größeren Bohrer so abgesenkt werden, dass der Schraubenkopf in das Loch passt.
- Möbelgriffe anschrauben und Garderobe an einem passenden Platz aufhängen.

Gute Gewohnheiten – Wochenroutine: Spiele-Mittwoch

Ein gemeinsamer Spieleabend ist eine wunderbare Bereicherung für dich und deine Familie. Dabei könnt ihr nicht nur viel Spaß haben, sondern euch auch besser kennenlernen. Ihr schafft ein regelmäßiges gemeinsames Erlebnis, das eure Familie enger zusammenbringen wird.

Eltern und Kinder erlernen den Umgang mit Siegen und Niederlagen und steigern ihre Sozialkompetenz.

Vor allem zählt im Spiel nur das Hier und Jetzt. Genießt die gemeinsame Zeit. Das spielerische Lernen ist ein netter Nebeneffekt. In erster Linie zählt, dass ihr einfach Spaß habt!

Dadurch gönnt ihr euch allen eine Auszeit und tankt Kraft für die nächsten Herausforderungen des Alltags.

Und so geht's:

- Vereinbart am besten eine feste Zeit für das gemeinsame Spielen mit der ganzen Familie. Plant dafür zunächst einen Zeitraum von zwei bis drei Stunden ein, bei kleineren Kindern genügt auch erst einmal eine Stunde.
- Wenn ihr nicht jede Woche spielen wollt, könnt ihr auch einen 14-tägigen oder monatlichen Rhythmus ausmachen. Die Hauptsache ist, dass der Spieleabend regelmäßig stattfindet. Ein fester

und regelmäßiger Termin hilft euch bei der Planung anderer Aktivitäten und verhindert, dass etwas dazwischenkommt. Außerdem wird sich euer Spieleabend schnell zu einem Ritual entwickeln, auf das sich alle Familienmitglieder freuen.

- Was wollen wir spielen? Die Klassiker gehen immer, z. B. „Mensch ärgere dich nicht“, „Memory“, „Fang den Hut“ oder „Monopoly“. Auch für kleinere Kinder gibt es tolle Spiele. Dabei geht immer Qualität vor Quantität. Lieber habt ihr nur fünf richtig gute Spiele, die ihr oft und gerne spielt, als 20 mittelmäßige Spiele, die im Schrank verstauben. Tipp: In vielen Stadtbüchereien kann man auch Spiele ausleihen und so erst mal testen, ob das Spiel so viel bietet, dass es infrage kommt, es sich selbst anzuschaffen.
- Es muss übrigens auch nicht immer der Brettspieleabend sein. Ihr könnt auch im Garten mit der ganzen Familie Ballspiele spielen. Schön ist es, wenn auch ihr Eltern wieder das Kind in euch entdeckt und anfangt, richtig zu spielen, in Rollen zu schlüpfen und ganz in das Spiel einzutauchen.
- Ihr solltet euch Zeit nehmen und wirklich bei der Sache sein. Also nicht nebenher telefonieren oder schnell noch was im Haushalt erledigen. Das nervt und enttäuscht eure Kinder.
- Sorgt dafür, dass die Spiele komplett sind und keine wichtigen Spielteile fehlen.
- Wählt die Spiele passend zum Alter des jüngsten Spielers aus, um ihn nicht zu überfordern.
- Macht euch im Vorfeld mit den Spielregeln vertraut, sodass ihr sie euren Kindern schnell erklären könnt. Bei langatmigem gemeinsamem Erarbeiten kommen vor allem jüngere Kinder schnell an die Grenzen ihrer Geduld.
- Stellt Getränke und Snacks bereit, aber am besten auf einem extra Beistelltisch, der Fensterbank oder Ähnlichem. Ein umgestoßenes Glas Saft kann sonst schnell zu einem abrupten Ende führen und eure Spiele sehr in Mitleidenschaft ziehen.

Woche 27

Ordnung – Ablageflächen frei halten

Horizontale Flächen scheinen Kram aller Art magisch anzuziehen. Zu groß ist die Verführung, nur mal schnell was hier abzustellen und nur für den Moment mal dort etwas zwischenzuparken. Ehe man sichs versieht, sind alle waagrechten Flächen vollgestellt und verbreiten mit ihrem weithin sichtbaren Chaos Unruhe im ganzen Haus.

Die Lösung? Verringert nicht unbedingt benötigte Flächen ganz und haltet die benutzten Flächen so weit wie möglich frei.

Die Küchenarbeitsplatte solltet ihr möglichst leer halten bis auf die wichtigsten Dinge, die ihr täglich benutzt. Bewahrt alle anderen Dinge lieber in verschlossenen Schränken auf und holt sie bei Bedarf schnell hervor. So habt ihr immer genug Platz zum Kochen.

Wenn ihr euren Esstisch zwischen den Mahlzeiten frei haltet, entfällt das mühselige Freiräumen vor dem Essen. Eine kleine Deko ist schön, aber am besten in Maßen.

Wie nutzt ihr euren Sofatisch? Als Abstellfläche für Getränke und Snacks? Für Blumen, Kerzen und andere Dekoration? Für Bücher, die ihr gerne griffbereit habt? Überlegt, wofür ihr euren Sofatisch überwiegend nutzt und verbannt alle Gegenstände, die damit nichts zu haben, woanders hin.

Wie sieht es auf euren Fensterbrettern, Sideboards und Kommoden aus? Nutzt ihr diese gerne für schöne Dekorationen? Oder stapeln sich hier Werbeprospekte und Rechnungen? Versucht mal diese Oberflächen bewusst sparsam zu dekorieren, z. B. mit einer einzelnen Pflanze, einer Vase oder einem Windlicht und ansonsten nichts.

So geht erstens das regelmäßige Abstauben viel schneller und die optische Ruhe ist eine Wohltat für eure Augen.

Das Ganze erfordert zuerst etwas Disziplin und Durchhaltevermögen, kann sich aber zu einer wunderbaren neuen Gewohnheit entwickeln, mit der ihr zukünftig ganz nebenbei für Ordnung sorgt.

DIY – Einfache Wimpelkette

Edel in Schwarz-Weiß, bunt für den Kindergeburtstag, mit Weihnachtsmotiven für die Adventszeit oder in passenden Farben zur jeweiligen Jahreszeit. Diese einfache Wimpelkette ist ein schnelles Projekt, mit dem du ruck, zuck eine tolle, beeindruckende Deko zaubern kannst.

DIY

DAS BRAUCHST DU DAFÜR:

- Baumwollstoff oder Wachstuch (für eine Outdoor-Wimpelkette)
- Schrägband
- Zickzackschere
- Zauberstift oder Schneiderkreide
- eine Schablone aus Pappe (nicht unbedingt ein Dreieck, sondern auch ein Rechteck, oder unten rund ist möglich, ganz wie du magst)

Und so geht's:

- Lege die Schablone auf den Stoff und zeichne sie mit einem Zauberstift oder Schneiderkreide nach. Das wiederholst du bis zur gewünschten Anzahl an Wimpeln.
- Wenn der Stoff kein Muster hat, das eindeutig in eine Richtung zeigen muss, kannst du Stoff sparen, indem du die einzelnen Wimpelelemente abwechselnd nach unten und nach oben zeigen lässt.
- Jetzt schneidest du die Wimpel entlang der gezeichneten Linien aus. Die Zickzackschere sorgt dafür, dass der Stoff nicht ausfranst.
- Klappe das Schrägband einmal auf, sodass der Wimpel mit der Oberseite in der Mitte liegt. Die andere Seite des Schrägbands wird darüber geklappt und festgepinnt.
- Vergiss nicht, am Anfang und Ende der Wimpelkette etwas Schrägband einzuplanen, mit dem du sie irgendwo festbinden kannst
- Im gewünschten Abstand steckst du nun die weiteren Wimpel fest.
- Jetzt nähst du langsam und etwas versetzt zur offenen Schrägbandkante die Wimpel fest.

Woche 28

Ordnung – Sommerfest als Mitbring-Party

Im Sommer lädt das schöne Wetter dazu ein, in die Natur zu gehen, Freunde zu treffen und die Zeit mit den Kindern draußen zu verbringen. Was wäre da schöner als ein Grillfest mit Freunden und Familie? Wäre da nur nicht der große Arbeitsaufwand, den eine solche Feier mit sich bringt.

Dabei muss es gar nicht so aufwendig sein. Wie wäre es, ein Sommerfest als Mitbring- und Mitmachparty zu gestalten? Nach vorheriger Absprache bringt jeder etwas zu essen oder zu trinken nach seinem Lieblingsrezept mit – so wird es schön bunt und ihr als Gastgeber werdet entlastet.

Oma macht vielleicht gerne eine Sommerbowle, die Tante bringt ihren berühmten Nachtisch, der Onkel macht die leckersten Grillspieße und die Muffins deiner Schwester sind legendär.

Vielleicht habt ihr ja auch eine wunderbare Dekorateurin oder einen Hobbyfloristen unter euch, die sich liebend gerne um die Partydekoration kümmern. Ein anderer liebt es vielleicht, sich lustige und spannende Spiele für die Kinder auszudenken oder bringt seine Gitarre mit, um am Abend für Stimmung zu sorgen.

Ihr übernehmt die Organisation und alle bringen sich mit ihrem ganz individuellen Können und ihren Vorlieben ein. Das ist Hygge pur!

Die langen Tage und warmen Nächte im Sommer heben sowieso die Stimmung und laden alle dazu ein, das Hier und Jetzt zu genießen. Dazu muss nicht alles perfekt und bis ins kleinste Detail geplant sein. Die Hauptsache ist doch, dass die gesamte Familie sich in fröhlicher Runde versammelt und ein paar schöne Stunden miteinander verbringt. Und, wer weiß, vielleicht entdeckt ihr dabei das eine oder andere bisher verborgene Talent.

DIY – Bunte Vasen aus Einmachgläsern

Frische Blumen lassen jeden Raum aufleben. Es muss dabei kein teures Bouquet aus dem Blumenladen sein. Frisch gepflückte Blumen aus dem Garten oder von der Wiese sind mindestens genauso schön.

Auch für die Präsentation der Blumen brauchst du nicht viel Geld auszugeben. Eine tolle kreative Möglichkeit sind selbst gestaltete Vasen aus Einmachgläsern. Dieses kleine Projekt eignet sich auch prima, um kleine Farbreste aufzubrauchen.

Du kannst dir ein ganzes Set an Vasen in verschiedenen Größen und unterschiedlichen Farbtönen gestalten. So hast du für jede Blume und jede Jahreszeit die passende Vase.

DIY

DAS BRAUCHT IHR DAFÜR:

- Einmachgläser/Marmeladen- oder Gurkengläser
- Kreidefarbe im gewünschten Farbton
- Schleifpapier
- Pinsel

Und so geht's:

- Die Gläser zuerst gründlich mit warmem Wasser und Spülmittel reinigen, um eventuelle Rückstände zu entfernen. Die Oberfläche sollte möglichst fettfrei sein. Gläser gut trocknen lassen.
- Nun geht es ans Streichen. Kreidefarbe lässt sich sehr einfach streichen und deckt wunderbar. Achtet darauf, eine abwischbare Qualität zu benutzen. Am besten das Glas auf den Kopf stellen und rund herum den ersten Anstrich machen.
- Die Farbe gut trocknen lassen und dann noch einmal streichen. Wieder gut trocknen lassen.
- Jetzt kommt das Schleifpapier zum Einsatz. Mit diesem verpasst ihr den Gläsern einen interessanten Vintage-Effekt. Schleift zuerst am oberen Rand etwas Farbe ab. Wenn das Glas eine schöne Struktur hat, lässt sie sich durch Abschleifen prima hervorheben.

Tipp zur Pflege: Die Vasen sind nicht spülmaschinenfest. Sie lassen sich aber vorsichtig von Hand spülen.

Woche 29

Ordnung – Bastelmaterial gut aufbewahrt

Basteln weckt die Kreativität, macht Spaß und ist eine tolle Beschäftigung für Kinder wie für Erwachsene. Dinge selbst mit den eigenen Händen zu erschaffen, sorgt für ein hyggeliges Gefühl. Aber wohin mit den ganzen Materialien, die man dafür benötigt?

So bewahrt ihr euer Bastelmaterial praktisch und hübsch auf, sodass es zu einer gemütlichen Bastelstunde einlädt:

- Gerade für Kinder gilt: aus den Augen, aus dem Sinn, darum gut sichtbar aufbewahren, z. B. in Gläsern oder Kunststoffboxen.
- Gleiches mit Gleichem aufbewahren und Gefäße möglichst nicht bis zum Rand, sondern nur zu 75 % füllen.
- Überlegt, welche Sachen für die Kinder gut erreichbar sein sollen und was außer Reichweite der Kleinen aufbewahrt werden sollte.
- Je nach Alter der Kinder nicht alle Materialien gleichzeitig anbieten, sondern immer nur ausgewählte Dinge. So kann kein allzu großes Chaos entstehen, wenn sich der Nachwuchs kreativ ausgetobt hat.

DIY – Abdeckhauben für Schüsseln

Ob zu Hause zur Aufbewahrung von Resten oder unterwegs zur Grillparty bei Freunden – diese selbst genähten Abdeckhauben für Schüsseln sehen toll aus, sparen jede Menge Plastikmüll und sind schnell gemacht.

Ihr könnt sie in allen Farben selber nähen. Nach dem Gebrauch einfach mit der Handwäsche in die Waschmaschine oder unter dem Wasserhahn auswaschen, fertig sind sie zur Wiederverwertung.

Es ist dabei ganz egal, ob das abzudeckende Gefäß rund, oval oder eckig ist. Die Hauben sind für nahezu jede Form geeignet. Durch den dehnbaren Rand könnt ihr die Haube auch für andere Gefäße verwenden, die einen leicht abweichenden Durchmesser haben.

DAS BRAUCHT IHR DAFÜR:

DIY

- Wachstuch entsprechend der Größe der Schüssel
- Gummiband 0,5 cm breit

Und so geht's:

- Schüssel auf den Kopf auf die linke Seite des Wachstuches stellen und mit ca. 2–4 cm Abstand übertragen.
- Den Kreis, also die spätere Abdeckung, ausschneiden. Bei Wachstuch muss nicht mal versäubert werden.
- Auf der linken Seite des Wachstuchs, entlang des Randes Gummiband mit einem Zickzackstich festnähen. Während des Nähens das Gummi ordentlich zu euch ziehen. Dadurch rafft sich das Wachstuch automatisch zusammen.
- Schon sind eure Schüsselhauben fertig.

Woche 30

Gute Gewohnheiten – Morgenroutine für Kinder, Checkliste mit Bildern

Für jüngere Kinder kann es eine schöne Hilfe sein, eine Übersicht zu gestalten, was sie jeden Morgen nach dem Aufstehen erwartet. Ihr könnt mit Bildern eine kleine Checkliste erstellen, z. B.: anziehen – Bild von Kleidung (Shirts, Hosen, Socken), Zähne putzen – Bild von Zahnbürste. In einem schönen Rahmen platziert, ist diese Checkliste nicht nur praktisch, sondern auch schön anzuschauen.

Ältere Kinder brauchen nicht mehr unbedingt Bilder. Es ist aber auch für sie hilfreich, eine Liste zu erstellen. Diese Liste platziert ihr am besten an einem zentralen Platz im Haus, falls notwendig, eine auf jedem Stockwerk.

Plant außerdem, das Haus immer ein bisschen früher als nötig zu verlassen, damit ihr auch den Weg zu Schule oder Kindergarten möglichst stressfrei bewältigt. So startet die ganze Familie gut und entspannt in den Tag.

DIY – Strandtasche für Sandspielzeug

Mit dieser Tasche können bereits kleine Kinder ihr Sandspielzeug selbst zum Strand oder Spielplatz tragen und der Sand fällt auf den Heimweg einfach durch die Maschen hindurch.

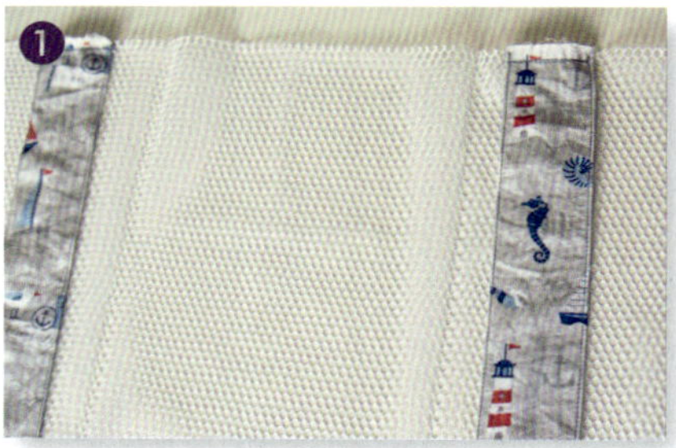

Arbeitsschritt 3: Träger annähen

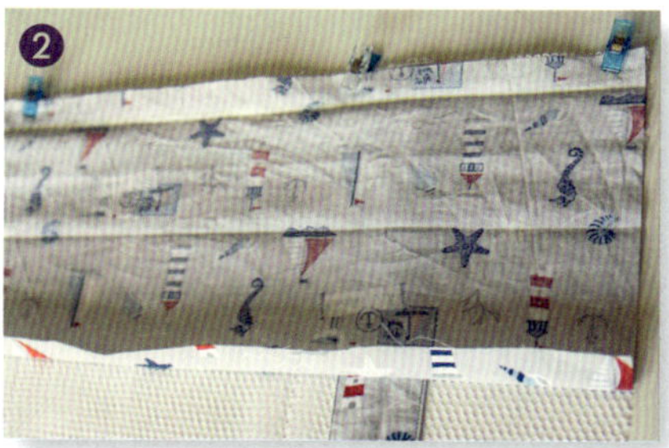

Arbeitsschritte 4 und 5: Oberen Stoffstreifen vorbereiten

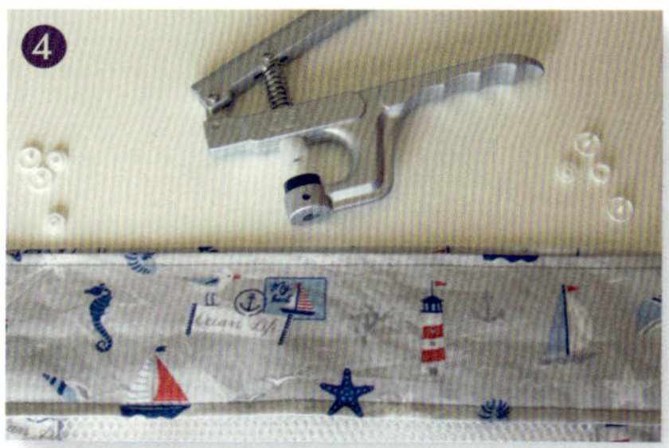

Arbeitsschritt 7: Absteppen von oberer und unterer Kante

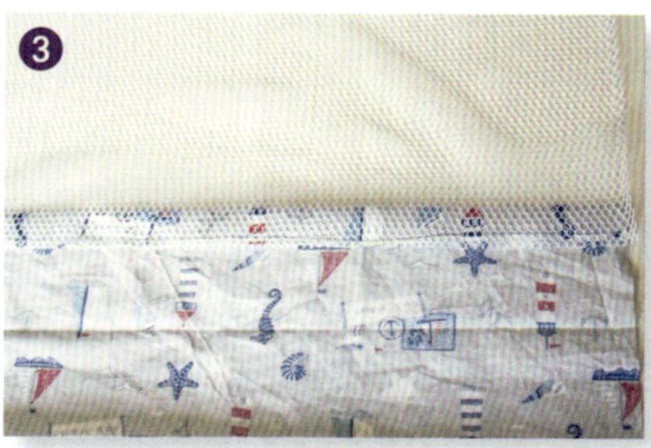

Arbeitsschritt 6: Festnähen mit Nahtzugabe

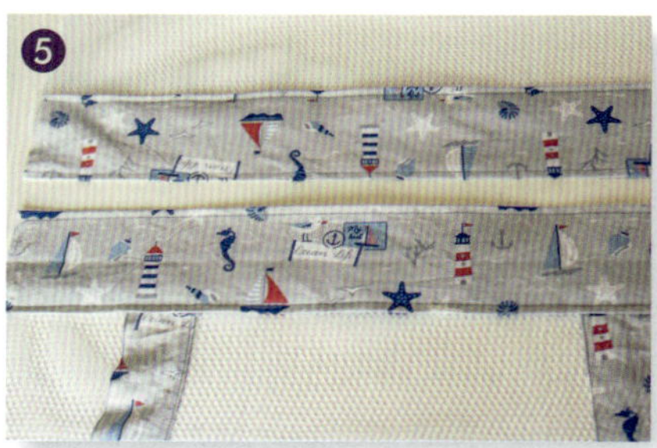

Arbeitsschritt 10: Anbringen der Druckknöpfe

DAS BRAUCHST DU DAFÜR:

DIY

- 2 Rechtecke Meshstoff 40 x 50 cm
- 2 Rechtecke Baumwollstoff 10 x 50 cm für die Träger
- 2 Rechtecke Baumwollstoff 20 x 50 cm für die Bänder an der Oberseite
- 3 Kunststoffdruckknöpfe
- Druckknopfzange

Und so geht's:

1. Zuerst nimmst du die zurechtgeschnittenen Rechtecke für die Träger, heftest sie längs rechts auf rechts und nähst sie an der langen Kante zusammen.
2. Wende die Träger, sodass die schöne Seite nach außen zeigt. Bügle sie glatt, sodass die Naht in der Mitte liegt. Steppe links und rechts die langen Seiten ab.
3. Hefte die Träger jeweils ca. 10 cm vom Rand einwärts an die obere und untere Kante eines der 50 cm langen Meshrechtecke und nähe sie gut fest. (siehe Foto 1)
4. Falte nun die zwei 20 cm x 50 cm großen Rechtecke längs zusammen und bügle sie, sodass eine schöne Kante entsteht. Schlage nun die offenen langen Kanten jeweils 1 cm weit ein und bügle sie wieder fest.
5. Klappe die Rechtecke wieder auf und platziere jeweils ein Rechteck rechts auf rechts an der oberen Kante des Meshstoffes. (siehe Foto 2)
6. Nähe es mit 1 cm Nahtzugabe (also an der gebügelten Kante entlang) fest. (siehe Foto 3)
7. Klappe die Rechtecke wieder zusammen, sodass der Meshstoff von beiden Seiten umschlossen wird, und steppe die obere und untere Kante ab. (siehe Foto 4)
8. Jetzt nähst du die beiden Meshteile mit einer französischen Naht zusammen. Dazu legst du die beiden Teile links auf links übereinander und nähst die unteren Kanten mit 0,5 cm Nahtzugabe zusammen. Wende nun, sodass die rechten Seiten aufeinander liegen, und nähe wieder an der untere Kante, nun mit 1 cm Nahtzugabe, entlang, sodass die erste Naht eingefasst wird. Nun hast du eine schöne versäuberte Naht.
9. Wiederhole den Vorgang auf beiden Seiten.
10. Zuletzt setzt du die drei Druckknöpfe in regelmäßigen Abständen am oberen Stoffband (siehe Foto 5).

Woche 31

Ordnung – Kinderfreundlich statt nur kindersicher

Wenn ihr euer Zuhause nicht nur kindersicher, sondern auch kinderfreundlich einrichtet, schafft ihr euren Kindern die Möglichkeit, viele Dinge selbst zu tun und auszuprobieren.

Eingangsbereich: Wenn genug Platz vorhanden ist, ist ein Sitzplatz für Kleine toll, damit sie sich die Schuhe binden können. Kinderjacken hängen an Haken, die die Kinder selbst erreichen können. Schal, Mütze und Handschuhe kann man in einem Korb aufbewahren, den sie gut erreichen können.

Wohnzimmer: Für Kinder ist es schön, in Reichweite der Eltern zu spielen. Wie wäre es mit einer kleinen Spielecke, in der ihr ausgewählte Spielsachen zur Verfügung stellt? Jeden Abend vor dem Zubettgehen wird der Spielbereich wieder aufgeräumt. Hierfür eignet sich ein kleines Regal mit Körben, um die Spielsachen zu strukturieren und bereitzustellen.

Küche: Gerade die Küche bietet viele tolle Möglichkeiten für eure Kinder, selbstständig Arbeiten auszuführen. Auch hier könnt ihr einen eigenen kleinen Arbeitsbereich schaffen. In einer eigenen, gut erreichbaren Schublade können Besteck und Geschirr aufbewahrt werden. So können sich die Kinder jederzeit selbst bedienen. Ein wunderbares Mittel, um auch kleinere Kinder so viel wie möglich am Familienleben teilhaben zu lassen, ist ein Lernturm (Bauanleitung siehe Woche 21). Dieser ermöglicht Kindern, sicher an der Küchenarbeitsplatte zu stehen, zu beobachten und zu helfen.

Bad: Ganz toll ist ein eigener kleiner Waschtisch. Hier findet man ein improvisiertes Waschbecken (eine Schüssel), Spiegel, Haarbürste, Handtuch, Seife und Waschlappen. Alternativ kann hier auch der Lernturm wunderbar zum Einsatz kommen, damit die Kinder alles gut erreichen.

DIY – Matschküche

Mit Wasser, Sand und Blütenblättern kochen, im Matsch rühren, Kuchen formen: Im Garten oder auf der Terrasse können sich Kinder stundenlang beschäftigen.

Eine Matschküche kann im Garten, im Hof oder auch auf dem Balkon stehen. Draußen finden Kinder jede Menge Dinge, die sie inspirieren und die sie mithilfe ihrer unbegrenzten Fantasie in anderes verwandeln. Blätter werden zu Brotscheiben, Tannenzapfen zu Kuchen, und aus Blumen und Gräsern werden bunte Suppen.

Mit dieser Matschküche kannst du deine Kinder in ihrer Kreativität unterstützen und das sehr günstig. Halte Ausschau nach unterschiedlichen Materialen, natürlichen oder künstlichen, die die Kinder zum Spielen verwenden können. Sie können von den Kindern bewegt, kombiniert und ohne vorgegebenen Verwendungszweck im Spiel variabel und kreativ eingesetzt werden. Sie sind für Kinder einfach unheimlich attraktiv, denn mit ihnen können sie ihrer Fantasie freien Lauf lassen.

DAS BRAUCHT IHR DAFÜR:

DIY

- für die Grundkonstruktion alte Bretter von einem ausgedienten Regal oder Schrank, eine alte Kommode, eine Bank oder einen Stuhl
- alte Töpfe, Pfannen
- Geschirr
- Tafellack
- Kreide oder Kreidestift
- Körbe
- Naturmaterialien wie Zapfen, Muscheln, Kastanien usw.

Und so geht's:

- Die Holzplatten auf das gewünschte Maß zusägen und zusammenschrauben. Wir hatten einige Regalbretter mit den Maßen 30 cm x 80 cm übrig und haben diese dann einfach, so wie auf dem Foto zu sehen, mit Spanplattenschrauben verschraubt.
- Dann benötigt ihr eine Möglichkeit, Töpfe und Geschirr abzustellen oder aufzuhängen.
- Toll ist es, wenn ihr noch „lose Teile" ergänzt. Das können beispielsweise Steine, Kastanien, Tannenzapfen, Muscheln, aber auch Knöpfe, Perlen, Schnüre und vieles mehr sein.
- Jetzt brauchen die Kinder noch Zugang zu Wasser und Sand.

Woche 32

Gute Gewohnheiten – Wöchentliche Familienkonferenz

Gemeinsam als glückliche Familie den Alltag und die freie Zeit miteinander zu verbringen, das wünschen wir uns wohl alle. Doch immer da, wo mehrere Menschen zusammenleben, kann es zu Konflikten und offenen Fragen kommen. Ein harmonisches Miteinander ist gar nicht so einfach und oft enden Diskussionen im Streit. Damit es gar nicht erst so weit kommt, kann es sehr hilfreich sein, einen Familienrat zu halten. Hier kann jedes Familienmitglied Wünsche, Sorgen und Probleme ansprechen.

So funktioniert es:

- Eine Familienkonferenz sollte regelmäßig stattfinden – wie wäre es z. B. immer samstags beim Abendessen? Wenn es die Situation erfordert, kann jedes Familienmitglied eine außerplanmäßige Familienkonferenz einberufen.
- Macht es euch schön. Mit Getränken und leckeren Snacks macht es gleich viel mehr Spaß.
- Alle Familienmitglieder sollten anwesend sein und mitmachen. Dabei gilt gleiches Recht für alle – egal ob Erwachsener oder Kind. Alle Themen sind erlaubt. Kein Anliegen sollte als unwichtig abgetan werden.
- Bemüht euch, Ich-Botschaften zu senden, neutrale, sachliche Aussagen, mit denen ihr eigene Gefühle mitteilt, und lasst einander ausreden.
- Wenn es etwas zu entschieden gibt, gilt das Mehrheitsprinzip. Könnt ihr euch nicht einstimmig auf etwas einigen, entscheidet die Mehrheit. Bis zur nächsten Familienkonferenz sind gemeinsam getroffene Entscheidungen bindend für alle. Dann kann erneut diskutiert werden.
- Strapaziert die Geduld der kleinen Familienmitglieder nicht über. Je jünger die Kinder sind, desto kürzer sollte das Treffen dauern. Mit Kindergartenkindern besser nicht länger als 15 bis 20 Minuten.

DIY – Lavendelsäckchen nähen

Lavendel wirkt wunderbar entspannend und regenerierend. Er hält im Kleiderschrank Motten fern, lässt Wäsche wunderbar duften und sorgt für guten Schlaf.

Aus einem hübschen Stoff und etwas Lavendel könnt ihr ruck, zuck ein wunderschönes Geschenk zaubern. Und Stoffreste könnt ihr dabei auch gleich verwerten.

DAS BRAUCHT IHR DAFÜR:

DIY

- ein beliebig großes, möglichst quadratisches Stück Stoff (z. B. 15 x 15 cm)
- ein Stück Satinband
- getrocknete Lavendelblüten (gekauft oder selbst getrocknet aus dem eigenen Garten)

Und so geht's:

- Zuerst nehmt ihr das Stück Stoff, faltet es in der Mitte rechts auf rechts zusammen, sodass die weniger schöne Seite des Stoffes außen zu sehen ist. Nun näht ihr den Stoff mit 1 cm Abstand vom Rand unten und an der Seite zusammen.
- Jetzt wendet ihr das Säckchen, sodass die schöne Seite außen ist (um die Ecken schön herauszudrücken, könnt ihr einen Schaschlikspieß verwenden).
- Befüllt es mithilfe eines Teelöffels mit Lavendelblüten.
- Legt das befüllte Säckchen vor euch hin und schlagt das obere Ende so weit ein, dass es den Lavendel im Säckchen beinahe berührt.
- Näht nun das Säckchen zu und gleichzeitig die umgeschlagene Stoffkante fest. Somit kann kein Lavendel aus dem Säckchen fallen und die Öffnung ist schön versäubert.
- Faltet das Satinband in der Mitte und macht dann einen Knoten hinein, damit sich eine Schlaufe bildet. Damit könnt ihr das Säckchen später an einem Kleiderbügel im Schrank aufhängen.
- Das Lavendelsäckchen auf das Band legen und so festknoten, dass die Naht verdeckt wird und die Schlaufe sich auf der Rückseite befindet.
- Bindet noch eine Schleife und schon ist euer Lavendelsäckchen fertig.

Woche 33

Gute Gewohnheiten – Morgenroutine

- Stehe jeden Tag zur selben Zeit auf, am besten mindestens 30 Minuten vor deinen Kindern. Das gibt dir etwas Zeit und Ruhe für dich, bevor der Trubel losgeht.
- Schaue nicht gleich auf dein Handy. Das kann warten.
- Mache dein Bett. Das Schlafzimmer wirkt gleich viel ordentlicher und abends ist es so viel schöner, sich in ein hübsch gemachtes Bett zu kuscheln.
- Öffne die Fenster, lasse frische Luft und den Tag herein.
- Verbringe so wenig Zeit wie möglich vor dem Kleiderschrank. Stress dich nicht mit der Kleiderauswahl, sondern mache es dir so einfach wie möglich, vielleicht, indem du dir eine Capsule Wardrobe (siehe Woche 43) einrichtest.
- Trinke ein Glas warmes Wasser, am besten mit etwas Zitrone. Das kurbelt deinen Organismus an und gleicht den Flüssigkeitsverlust der Nacht wieder aus.
- Wirf einen Blick auf den Kalender und deine To-do-Liste. So vergisst du nichts und gewinnst einen Überblick über das, was heute auf dem Programm steht.
- Besprich kurz mit deiner Familie das Abendprogramm. Steht etwas Besonderes an? Sprecht euch ab, sodass es keine unliebsamen Überraschungen gibt.
- Besonders schön ist es, wenn ihr gemeinsam als Familie frühstücken könnt. Aber auch, falls das nicht möglich sein sollte, nimm dir auf jeden Fall Zeit für dein Frühstück.
- Räume das schmutzige Geschirr gleich anschließend in die Spülmaschine.
- Drehe eine Aufräumrunde durch euer Zuhause, bevor ihr das Haus verlasst. Das Heimkommen ist viel schöner und entspannter, wenn ihr nicht von herumliegenden Klamotten und schmutzigem Geschirr empfangen werdet.

DIY – Kunstwerke aus gesammelten Muscheln

Als Andenken an den Urlaub am Meer bleiben oft viele, viele Muscheln, die die Kinder voller Begeisterung gesammelt haben. Mit diesen Schätzen aus dem Meer könnt ihr euer Zuhause schön sommerlich gestalten und einen Schlüsselanhänger, ein Windspiel oder eine Bilderwand basteln.

DIY

DAS BRAUCHT IHR FÜR EINEN SCHLÜSSELANHÄNGER:

- Muscheln
- Bohrer
- grobe Schnur
- Schlüsselring
- Spitzenband

Und so geht's:

In die Muscheln vorsichtig ein Loch bohren. Schnur durch das Loch ziehen und auf der Innenseite der Muschel einen Knoten machen, damit die Muschel fest sitzt. Beliebig oft wiederholen und an einem Schlüsselring festknoten. Spitzenband anknoten – fertig!

DAS BRAUCHT IHR FÜR EIN WINDSPIEL:

DIY

- Muscheln
- Bohrer
- Treibholz
- grobe Schnur

Und so geht's:

In jede Muschel ein Loch bohren. Schnur durchziehen und auf der Innenseite verknoten. Je nach gewünschter Länge wiederholen. Löcher ins Treibholz bohren, Schnur einfädeln und verknoten. Eine weitere Schnur zur Aufhängung anbringen. Wirkt toll im Garten oder auf dem Balkon.

DAS BRAUCHT IHR FÜR EINE BILDERWAND MIT DRUCKEN:

DIY

- mehrere Bilderrahmen und passendes Papier/Karton
- Muscheln
- ausgedruckte Zeichnungen (findet ihr kostenlos im Internet)
- Heißklebepistole

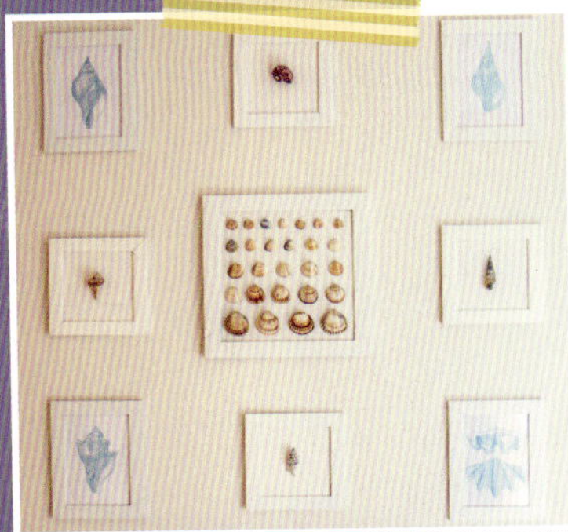

Und so geht's:

- Das Glas/Kunststoffsichtfenster der Bilderrahmen entfernen.
- Papier oder Karton passend zuschneiden.
- Muscheln mit Heißkleber darauf aufkleben.
- Maritime Zeichnungen in der passenden Größe ausdrucken und einrahmen.
- Kunstwerke zu einer Bilderwand arrangieren (evtl. zuerst probeweise auf dem Fußboden) und aufhängen (bei kleineren und leichten Rahmen geht das auch prima ohne bohren mit doppelseitigem Klebeband).

Woche 34

Gute Gewohnheiten – 30 Tage Shoppingpause

Wir besitzen sehr viel mehr als die meisten Menschen auf dieser Erde. Einkaufen und Shoppen gehören zu unserem Alltag. Gleichzeitig fühlen wir uns manchmal geradezu erstickt von den vielen materiellen Dingen und gefangen in der Konsumspirale, die uns viel zu viel Zeit, Geld und Lebensenergie kostet. Wie können wir wieder fairer und nachhaltiger leben? Wie schaffen wir es, uns auf das Wesentliche zu konzentrieren und uns den Alltag leichter zu machen?

Challenges sind ein wunderbares Mittel, um sich über einen bestimmten Zeitraum hinweg zu etwas zu motivieren. Das Ziel dabei ist zum einen, innerhalb der vorgegebenen Zeit Fortschritte in diesem Bereich zu machen. Zum anderen etabliert man dabei neue gute Gewohnheiten.

Eine 30-Tage-Shoppingpause kann euch helfen, einfacher zu leben und auf unnötiges Shopping zu verzichten. Es geht darum, die Dinge zu nutzen, die man bereits besitzt. Beziehungen und die eigenen Prioritäten treten wieder in den Vordergrund. Dankbarkeit für das, was man hat, kann neu wachsen. Habt ihr Lust auf dieses Experiment? Könnt ihr einen ganzen Monat lang auf unnötigen Konsum verzichten?

Die einfachen Regeln für die 30-Tage-Shoppingpause sind:

- 30 Tage lang nichts Neues kaufen. Ausgenommen sind: Lebensmittel, Drogerie-/Haushaltsartikel (wenn das bisherige Produkt aufgebraucht ist).
- Wenn etwas Wichtiges kaputtgeht: zunächst versuchen, es zu reparieren, wenn das nicht geht, ersetzen (möglichst gebraucht).
- Leihen und tauschen sind nicht nur erlaubt, sondern sogar ausdrücklich erwünscht!

Probiert es einfach mal aus und lasst euch überraschen, was ihr dabei über euch und euer Einkaufsverhalten lernt. Wenn ihr euch darauf einlasst, wird dieses Experiment sicher ein Augenöffner sein und ein großer Schritt auf dem Weg zu einem einfach besseren Leben.

DIY – Körperpeeling Zitrone

Ein fruchtig duftendes, pflegendes Körperpeeling sorgt für samtweiche Haut. Das könnt ihr einfach selbst machen. Das Zitronen-Zucker-Peeling ist als Körperpeeling gedacht – für seidig glatte Haut an Händen, Füßen und am ganzen Körper.

Die Zuckerkörnchen entfernen sanft abgestorbene Hautschuppen, der Zitronenduft hebt die Stimmung, während das Kokosöl zugleich pflegend wirkt und die Haut geschmeidig macht.

DAS BRAUCHT IHR DAFÜR:

DIY

- 60 g Bio-Kokosöl
- 250 g Zucker (feine Körnung)
- 2–3 EL abgeriebene Zitronenschale
- 10 Tropfen ätherisches Zitronenöl

Und so geht's:

- Zucker grob abwiegen und in einer Schale bereitstellen.
- Das Kokosöl schmelzen, bis es flüssig ist. Dies geht am schnellsten in einem Glas, das für etwa 30 Sekunden in der Mikrowelle erhitzt wird oder über dem Wasserbad.
- Zitronenschalenabrieb und Zitronenöl mit dem geschmolzenen Kokosöl mischen.
- Ölmischung zum Zucker geben, alles gut vermengen. Eventuell etwas mehr oder weniger Zucker verwenden, bis die Konsistenz nach eurer persönlichen Vorliebe erreicht ist.

Woche 35

Gute Gewohnheiten – Wochenroutine: Papierkram-Donnerstag

Papierkram kann einem schnell über den Kopf wachsen. Sind eure persönlichen Unterlagen auch eher chaotisch archiviert und schiebt ihr die Papierstapel ewig hin und her, bevor ihr euch an die Ablage macht?

Dann solltet ihr zunächst eine Grundordnung in die Sache bringen. Legt euch dazu einen oder mehrere Ordner an, die ihr beschriftet und in denen ihr nach Kategorien sortiert alles Notwendige abheften könnt. Grundsätzlich gilt: so wenig wie möglich aufbewahren. Es hilft dabei sich klarzumachen, welche Dokumente man leicht wiederbeschaffen kann, Bedienungsanleitungen z. B. könnt ihr jederzeit online finden.

Danach besteht die Herausforderung darin, all die täglich hinzukommenden Unterlagen konsequent in euer System einzuordnen.

- Papierkram solltet ihr täglich vorsortieren. Werbung, Briefumschläge und Folie von Zeitschriften könnt ihr direkt entsorgen.
- Am besten plant ihr euch einen festen Wochentag als Papierkram-Tag ein, an dem ihr aktuelle Unterlagen bearbeitet, sortiert und abheftet.
- Da Stapel schneller wachsen, als einem lieb ist, richtet eine vorläufige Ablage für die Papiere ein, die ihr an eurem wöchentlichen Termin bearbeiten werdet.
- Offene Rechnungen bezahlen.
- Belege sortieren und nur wichtige aufbewahren.
- Wann immer ihr ein neues Dokument abheftet, prüft gleich, ob ihr aus diesem Ordner ein anderes Dokument entsorgen könnt.
- Regelmäßig dranbleiben, dann nehmt ihr dem Papierkram den Schrecken und es wird ganz leicht.

DIY – Outdoordusche

Im Sommer spielt sich ein Großteil eures Alltags draußen ab und ihr sehnt euch zu Hause in eurem Garten nach einer Erfrischung. Doch was tun, wenn der nächste Badesee oder das Freibad zu weit weg und kein Platz für einen Pool ist? Ganz einfach, ihr baut euch und eurer Familie eine Gartendusche. So eine selbst gebaute Dusche ist die ideale Möglichkeit, sich an Ort und Stelle abzukühlen.

Je nachdem, wie aufwendig euer Projekt werden darf, habt ihr verschiedene Möglichkeiten:

- Es gibt ganz einfache Outdoorduschen, die mit einem Erdspieß in den Boden gesteckt und am Gartenschlauch angeschlossen werden. Die könnt ihr überall im Garten aufstellen und jederzeit wieder abbauen.
- Möchtet ihr die Gartendusche länger oder dauerhaft an einem Platz im Garten stehen haben, solltet ihr euch lieber für ein stabileres und fest installiertes Modell entscheiden. Es gibt sie aus Edelstahl oder Holz und sie werden auf einer Fläche verschraubt und an den Gartenschlauch angeschlossen.
- Ist euch das viel zu kalt, dann ist eine Solardusche genau das Richtige für euch. Sie heizt das Wasser in einem Tank auf und mischt es dann mit kaltem Wasser.
- Damit ihr während des Duschens nicht beobachtet werden könnt, braucht ihr einen Sichtschutz. Das können Gabionen sein, ein Paravent, ein bepflanztes Rankgitter oder Elemente aus Holz.

Wir haben uns für eine dauerhafte Lösung entschieden, die ich euch gerne vorstellen möchte.

DIY

DAS BRAUCHT IHR DAFÜR:

- Sichtschutz aus Holzelementen oder Ähnlichem
- Holzbretter für den Boden
- eine Dusche (Solardusche oder, wenn im Garten ein Warmwasseranschluss vorhanden ist, eine normale Duscharmatur)

Und so geht's:

- Wir haben am vorhandenen Gartenhaus eine Ecke mit einem Sichtschutzzaun aus dem Baumarkt erweitert.
- Den Eingang kann man durch einen Duschvorhang, der über ein Edelstahlrohr gefädelt ist, vor neugierigen Blicken schließen.
- Den Boden der Dusche bildet eine Holzterrasse aus witterungsbeständigen Brettern.
- Vom Wasseranschluss am Haus bis zur Dusche haben wir ein Leerrohr im Boden verlegt, in dem zwei Schläuche die Dusche mit warmem und kaltem Wasser versorgen. So hat man auch bei bewölktem Wetter bzw. bereits früh morgens wunderbar warmes Wasser für eine Dusche im Freien.
- Im Winter lassen sich die Duscharmatur demontieren und die Leitungen entleeren, sodass der Frost ihnen nichts anhaben kann.

Woche 36

Ordnung – Schulstart gut vorbereitet

Nach den großen Ferien ist es für alle wieder Zeit, sich umzugewöhnen. Dabei hilft euch eure eigene Familienroutine für die Schulzeit. So fällt es euch leichter, (zurück) in den Alltag zu finden.

Zubettgehzeit gemeinsam bestimmen

Überlegt dafür zuerst, um welche Zeit euer Kind an Schultagen aufstehen muss. Dann fällt es euch leichter, die passende Zeit zu finden, wann euer Kind schlafen gehen sollte. Je nach Alter sind neun bis zehn Stunden Schlaf wichtig.

Schlafenszeit langsam anpassen

Wenn eure Kinder während der Ferien zwei Stunden länger aufbleiben durften als während der Schulzeit, könnt ihr dafür sorgen, dass sie jede Nacht eine viertel bis halbe Stunde früher zu Bett gehen, bis die passende Bettzeit erreicht ist. Je früher vor Schulbeginn ihr diesen Prozess beginnt, desto leichter wird es eurem Kind fallen.

Kleidung vorbereiten

Bevor euer Kind ins Bett geht, solltet ihr seine Kleidung für den nächsten Tag zurechtlegen. Diese kleine Vorbereitung am Abend trägt viel dazu bei, den nächsten Tag entspannt zu beginnen. Das gilt für Erwachsene übrigens genauso.

Schulranzen durchsehen

Seht zusammen den Schulranzen durch, um sicherzugehen, dass euer Kind am nächsten Tag alles dabei hat, was es benötigt. Gibt es Informationen für die Eltern oder wichtige Termine, die ihr in den Kalender übernehmen solltet? So habt ihr immer den Überblick und verpasst keine wichtigen Neuigkeiten oder Termine.

Den nächsten Tag besprechen

Gibt es Termine, stehen irgendwelche besonderen Aktivitäten auf dem Plan? Müssen Erledigungen gemacht werden? So kann euer Kind sich innerlich auf den Ablauf des nächsten Tages einstellen.

DIY – Ladestation für Smartphone und Tablet

Mit dieser einfachen Ladestation für Smartphone, Tablet und E-Book-Reader bändigst du den Kabelsalat und musst dich nie mehr auf die Suche nach verschwundenen Ladekabeln machen.

DAS BRAUCHT IHR DAFÜR:

DIY

- eine (Schuh-)Schachtel
- eine Mehrfachsteckdose
- ein Cuttermesser
- Metallösen (für jedes Kabel eine)
- evtl. Deko zum Verschönern der Schachteln
- evtl. Briefständer aus Holz

Und so geht's:

- Mit dem Cuttermesser für jedes Kabel ein Loch in die Rückseite der Schachtel schneiden. Hierzu die Ösen als Schnittschablonen verwenden.
- Ösen anbringen. Diese sorgen für einen optisch schöneren Abschluss und verhindern gleichzeitig, dass der Karton ausfranst.
- Für das Kabel der Mehrfachsteckdose die Schachtel an einer Kante durchtrennen und in die untere Ecke eine Öffnung schneiden, durch die das Kabel passt.
- Mehrfachsteckdose in die Schachtel legen, die Ladekabel einstecken und sie durch die jeweiligen Öffnungen ziehen.
- Nun sind alle Ladekabel sortiert und versteckt.
- Um die verschiedenen Geräte schön aufzubewahren, kann man einen Briefständer aus Holz verwenden. Dazu in die Unterseite Löcher an den passenden Stellen bohren, durch die man die Ladekabel der Geräte führen kann.
- Jetzt könnt ihr Smartphone, Tablet und E-Book-Reader schön aufbewahren und gleichzeitig laden.

Woche 37

DIY – Buchstützen aus Plastiktieren

Bücherregale geben einem Raum einfach eine wunderbar gemütliche Atmosphäre. Allerdings sollten sie nicht zu vollgestellt sein, sonst wirken sie schnell unordentlich. Damit die ausgestellten Bücher trotzdem nicht umfallen, kannst du dir schnell und einfach wunderschöne Buchstützen selbst bauen.

DAS BRAUCHT IHR DAFÜR: DIY

- 4 Holzbretter in der gewünschten Größe und Holzart (unsere sind 15 cm x 15 cm groß)
- Zwei Plastiktiere (entweder ihr verwendet welche, mit denen die Kinder nicht mehr spielen, oder ihr besorgt sie günstig auf dem Flohmarkt)
- Kreidefarbe in Weiß
- Holzleim
- Heißklebepistole

Und so geht's:

- Jeweils zwei Bretter im rechten Winkel aneinanderleimen.
- Plastiktiere mit der Kreidefarbe streichen. Es werden zwei bis drei Schichten benötigt, bis die Farbe komplett deckt. Farbe zwischen den einzelnen Schichten gut trocknen lassen.
- Tiere auf das Holz kleben. Das funktioniert gut mit der Heißklebepistole.

Durch die Kreidefarbe wirken die Tiere fast wie Porzellan und die schlichte Farbgestaltung sieht edel aus. Fürs Kinderzimmer könntet ihr auch andere, buntere Farbkombinationen verwenden.

Ordnung – Übersichtlichkeit für Schulkinder

An einem schön eingerichteten Schülerarbeitsplatz klappt's mit den täglichen Hausaufgaben gleich viel besser. Gemütlich und zweckmäßig sollte er sein.

Das beginnt bereits beim Schreibtisch. Höhenverstellbare Modelle sind sehr praktisch, weil sie mit deinem Kind mitwachsen können. Dazu gehört ein guter Stuhl, auf dem dein Kind bequem sitzt. Damit Hefte, Mappen, Ordner und Schulbücher nicht in unübersichtlichen Stapeln auf dem Schreibtisch landen, ist ein Regal in der Nähe sinnvoll. Ordner, Stehsammler und Stiftebecher sind prima Helfer, mit denen ihr schnell und kinderleicht für Ordnung sorgen könnt. Wichtig ist, dass alles seinen festen Platz hat, damit dein Kind weiß, wo es Stifte und Hefte findet, ohne lange suchen zu müssen.

Kleine Künstler bringen laufend neue Werke mit nach Hause. Eine gute Idee ist es, einen Ausstellungsort im Haus für die aktuellen Bilder zu reservieren. Kommt etwas Neues, überlegt ihr gemeinsam: weg damit oder aufbewahren, z. B. in einem schönen Karton? Wenn dieser voll ist, überprüft ihr noch einmal, ob sich das Aufheben lohnt. Nur absolute Lieblingsstücke dürfen dauerhaft in der Kunstkiste bleiben. Auch der Ranzen braucht einen eigenen Platz, um nicht überall und nirgendwo zu landen.

Nach den Hausaufgaben ist aufräumen angesagt. Am besten hilfst du deinem Kind so lange, bis es das System verstanden hat und es allein bewerkstelligen kann.

Ordnung ist nicht nur am Schreibtisch wichtig. Auch der Ranzen sollte übersichtlich gepackt werden. Wenn der Schreibtisch fertig ist, solltet ihr darum anschließend gemeinsam den Schulranzen für den kommenden Tag vorbereiten.

Nutzt den Freitagnachmittag, um miteinander den Schulranzen auszumisten und den Schreibtisch auf Vordermann zu bringen. Dabei könnt ihr dann auch die Gelegenheit nutzen, die Arbeitsmaterialien zu kontrollieren:

- Ranzen einmal komplett ausräumen und von Spitzerresten, Bleistiftstummeln, Krümeln und Papierschnipseln befreien.
- Mäppchen auf Vollständigkeit prüfen und gegebenenfalls auffüllen. Unsere Erfahrung zeigt, dass Montagmorgen kein besonders guter Zeitpunkt für die Suche nach einem neuen Bleistift ist.
- Prüfen, ob weiteres Material, wie Hefte etc. benötigt wird.
- Legt euch am besten einen kleinen Vorrat mit den wichtigsten Materialien an: Blöcke, Hefte mit der aktuell verwendeten Lineatur, Bleistifte, Tintenpatronen und Radiergummis. So müsst ihr nicht für jede Kleinigkeit eine Einkaufstour starten.

Es gibt sehr praktische Ordnungshelfer, die es deinem Kind erleichtern, Hefte und Mappen sorgfältig und ohne hässliche Eselsohren im Ranzen zu transportieren. Heftboxen bieten Platz für alle Arbeitshefte, Mappen und Blöcke. Mit diesen Boxen wirkt der Inhalt des Ranzens gleich viel übersichtlicher.

Für lose Arbeitsblätter und Mitteilungszettel sind Pappmappen mit Zugband ideal. So kannst du schnell feststellen, ob es wichtige Informationen aus der Schule gibt, die ansonsten gern im Nirwana des Ranzens verschwinden.

Ein Mäppchen, das Platz für Schere, Kleber und Geodreieck bietet, ist unverzichtbar, damit diese Sachen nicht ständig verloren gehen und ersetzt werden müssen.

Woche 38

Gute Gewohnheiten – Hygge-Liste Herbst

Genießt die frische Herbstluft und kuschelt euch danach gemütlich zu Hause ein.

ANREGUNGEN FÜR HYGGELIGE AKTIVITÄTEN IM HERBST:

- Durch ein Maislabyrinth gehen
- Kastanien sammeln und daraus Männchen und Tiere basteln
- Samen im Garten ernten und trocknen
- Eine Salzgrotte besuchen
- Drachen steigen lassen
- Kartoffeldruck machen
- Basteln mit Herbstlaub
- In Laubhaufen hüpfen
- Einen Nachmittag in der Bibliothek verbringen
- Im Thermalbad schwimmen
- Kürbis schnitzen
- Kürbissuppe kochen
- Tee trinken
- Einen Waldspaziergang machen
- Suppe kochen
- Laternen basteln
- Äpfel ernten
- Tulpenzwiebeln pflanzen
- Einen Waldspaziergang machen
- Stricken oder Häkeln lernen
- Kuschelecken im Haus einrichten
- Die letzten sonnigen Tage so lange wie möglich draußen genießen
- Das Zuhause in warmen Farben dekorieren

DIY – Magnetische Fotowand mit Beleuchtung

Fotos sind immer eine tolle Möglichkeit, deinem Zuhause eine persönliche Note zu geben. Anstatt viele gerahmte Fotos aufzuhängen, die man doch sehr selten austauscht, möchte ich dir eine andere Idee der Präsentation vorstellen: eine magnetische Fotowand mit Beleuchtung. Das Schöne daran ist, dass du an einem definierten Platz (am besten einer, an dem du öfter am Tag vorbeikommst) deine aktuellen Lieblingsfotos präsentierst und dass du sie einfach und schnell austauschen kannst.

DIY

DAS BRAUCHT IHR DAFÜR:

- Holzbalken für die Unterkonstruktion
- Holzbretter in der gewünschten Größe (unsere sind 100 cm lang und 20 cm breit)
- Magnetfarbe im gewünschten Farbton
- LED-Lichtband
- Magnete

Und so geht's:

- Aus den Holzbalken einen Rahmen an die Wand schrauben, der ca. 10 cm kleiner ist als die fertige Fotowand.
- Die Bretter werden dann in der gewünschten Größe auf die Balken geschraubt, sodass sie optisch an der Wand schweben.
- Vorne und an den Seiten mit Magnetfarbe streichen.
- LED-Lichtband rundum an den Seiten der Unterkonstruktion befestigen und die Wand damit toll in Szene setzen.

Woche 39

Gute Gewohnheiten – Wochenroutine: Familien-Ordnungs-Freitag

Ordnung halten ist keine One-Woman-Show. Vielmehr geht es alle in der Familie an, das gemeinsame Zuhause schön und sauber zu halten. Die kleineren Familienmitglieder lernen so ganz nebenbei das Aufräumen und Ordnunghalten. Und wenn ihr es richtig angeht, macht es Spaß und alle Beteiligten können die gemeinsame Familienzeit genießen. Kinder arbeiten meist nicht gerne allein, Teamarbeit macht einfach mehr Spaß. Eure Kinder werden lieber einen Teil der Hausarbeit übernehmen, wenn Mama oder Papa zur gleichen Zeit auch fleißig sind. Wie wäre es also mit einem Familien-Ordnungs-Nachmittag, an dem alle miteinander die Wohnung auf Vordermann bringen, um danach ganz entspannt ins Wochenende zu starten.

Mit guter Musik und einer Belohnung in Aussicht, auf die sich alle freuen, z. B. ein gemeinsamer Filmabend, putzt es sich gleich noch mal so gut. Habt ihr Lust auf einen kleinen Wettbewerb? Schreibt doch jede Woche die Zeiten auf, die ihr für eine Aufgabe benötigt habt und versucht, sie in der nächsten Woche zu schlagen. Das kann eine gute Möglichkeit sein, um motiviert zu bleiben. Alle anstehenden Aufgaben im Haushalt solltet ihr entsprechend der Fähigkeiten der Familienmitglieder verteilen und allen ein Mitspracherecht geben.

Die folgenden Aufgaben eignen sich prima für eure Familien-Ordnungs-Aktion:

- Alte Zeitungen/Zeitschriften entsorgen
- Betten beziehen
- Alle Mülleimer leeren
- Alle Räume saugen und abstauben
- Küche und Bad wischen
- Spiegel und Türen abwischen

DIY – Badewannenablage

Ein langes warmes Bad mit Kerzen, einem schönen Buch, einem Gläschen Wein oder einer Tasse Tee kann Wunder wirken, wenn du den täglichen Stress vergessen willst.

Nur liegst du dann in deiner Badewanne, hast ein Glas in der einen und ein Buch in der anderen Hand und weißt nicht, wo du das Ganze ablegen sollst. Ging es dir auch schon mal so?

Dann braucht ihr eine Badewannenablage, denn wahrer Luxus in der Badewanne ist, wenn einfach alles griffbereit ist. Auf der Badewannenablage liegen Bürste und Seife, aber auch Zeitschrift und Getränke bereit.

Dieses traumhafte Dekoaccessoire für dein Badezimmer kannst du mit wenigen Handgriffen kreieren. Für jene, die gern ein gemütliches Bad zum Entspannen nutzen, ist unsere Idee genau das Richtige. Aber auch für die, die eher selten die Badewanne benutzen, kann die Badewannenablage mit ausgewählten Badeaccessoires in ein schönes Dekoelement verwandelt werden, das einen angenehmen Wellness-Charakter versprüht.

DAS BRAUCHT IHR DAFÜR:

DIY

- 1 Brett aus Massivholz
- 2 Holzklötze
- Holzleim
- Holzöl

Und so geht's:

- Für die Badewannenablage habe ich mich für ein sehr rustikales Brett aus Massivholz entschieden, da der naturbelassene und unperfekte Charakter dem gefliesten Badezimmer eine natürliche Note verleiht.
- Am besten messt ihr den Abstand der beiden äußeren Kanten der Badewanne aus, damit das Brett perfekt aufliegen kann.
- Die beiden Holzkeile sowie das Brett bekommt man im Baumarkt. Dort kann man sie direkt zuschneiden lassen. Die Keile sind später dafür da, dass die Badewannenauflage fest auf der Badewanne aufliegt und nicht in die Wanne rutschen kann.
- Holzbrett abschleifen und mit Holzöl behandeln, um den naturbelassenen Look beizubehalten und das Holz vor Feuchtigkeit zu schützen.
- Holzkeile mit dem Leim unter dem Brett befestigen.
- Ablage mit Kerzen und anderen Badeaccessoires verzieren. So entsteht ein toller Hingucker für die eigene kleine Wellnessoase.

Woche 40

Gute Gewohnheiten – Raus bei jedem Wetter

Jeden Tag ein wenig draußen sein mit den Kindern – fällt dir das im Herbst und Winter auch manchmal schwer? Kinder (und Erwachsene) brauchen jeden Tag einige Zeit unter freiem Himmel. Kinder brauchen frische Luft und Tageslicht und die Möglichkeit, sich frei zu bewegen, zu erproben, zu springen und zu toben. Und gerade auch im Herbst und Winter, wenn wir manchmal so gar keine Lust haben, stundenlang im Freien zu sein, brauchen Kinder diese Möglichkeit.

Wenn ihr euch erst mal überwunden habt und alle in Regenkleidung steckt, kann es losgehen. Wind und Regen sorgen für eine frische Brise und gleichzeitig riecht alles superintensiv. Das sorgt dafür, dass ihr vertraute Orte mit allen Sinnen neu entdeckt.

Und was kann man nun draußen so machen bei Regenwetter? Spielt doch mal im Park oder Wald Tiere suchen oder platscht mit Gummistiefeln durch Matsch und Pfützen. Nehmt einen Freund oder eine Freundin mit, dann macht's noch mehr Spaß. Wie wäre es außerdem mit einer Bootsrallye durch die größten Pfützen mit Spielbooten oder selbst gebastelten Papierbooten?

An grauen Tagen fällt es euch vielleicht manchmal schwer, euch daran zu erinnern, wo es euch schon einmal besonders gut gefallen hat, welchen Spaß ihr auf der kleinen Lichtung im Wald hattet, am Entensee oder auf diesem schönen Spielplatz.

Als kleine Inspirationssammlung, für den Fall, dass euch die Ideen ausgehen, könnt ihr die schönsten Orte sammeln, in einem kleinen Heft mit den schönsten Draußenplätzen. Hier könnt ihr an trüben Tagen nachsehen und gemeinsam mit den Kindern auswählen, welcher Ort mal wieder besucht werden soll.

Wenn ihr dann von draußen wieder nach Hause kommt, könnt ihr euch wunderbar mit einer Tasse heißem Kakao oder Früchtetee und einem schönen Kinderbuch auf dem Sofa zusammenkuscheln. Das ist dann umso gemütlicher!

DIY – Einfache Kissenhüllen

Viele gemütliche Kissen sind unverzichtbar, wenn ihr euer Zuhause hyggelig gestalten wollt. Diese einfachen Kissenhüllen sind schnell genäht. So könnt ihr die Bezüge eurer Kissen rasch und unkompliziert austauschen, je nach Jahreszeit oder Lust und Laune.

Das Nähen der Kissenhüllen eignet sich auch prima als Projekt für Näheinsteiger oder als gemeinsame Aktivität zusammen mit Kindern. Näht doch gleich noch ein paar mehr mit den Lieblingsfarben und -mustern der Kleinen und macht damit das Kinderzimmer extra hyggelig.

DIY

DAS BRAUCHT IHR DAFÜR:

- Baumwollstoff
- Kissen-Inlett (z. B. 40 x 40 cm)

Und so geht's:

- Schneidet ein Stück Stoff zu, das um das Kissen-Inlett passt. Ist das Inlett 40 x 40 cm groß, muss der Stoff 45 x 96 cm groß sein.
- Schneidet außerdem ein Stück Papier in der Größe des Inlett-Kissens zu. Mit dieser Vorlage könnt ihr leichter anzeichnen, wo ihr den Stoff falten müsst.
- Breitet den zugeschnittenen Stoff aus. Die rechte Stoffseite liegt unten. Faltet die obere und untere Kante des Stoffes jeweils 2,5 cm um und näht sie fest.
- Legt die Vorlage in die Mitte des zugeschnittenen Stoffes und zeichnet die Ecken an den Stoffkanten an.
- Faltet den Stoff an den Markierungen. Die rechten Stoffseiten liegen innen aufeinander.
- Näht beide Seiten mit 1 cm Nahtzugabe zusammen.
- Wendet den Bezug auf rechts und schiebt das Inlett in den Bezug – fertig!

Woche 41

Ordnung – Leihen statt kaufen

Was man als Familie mit Kindern nicht alles braucht! Die Anschaffung dieser ganzen Sachen kostet richtig Geld und schnell sind Klamotten schon wieder zu klein, die Spielsachen uninteressant. Wie wäre es denn mit leihen statt kaufen? Das spart nicht nur Geld, sondern schont auch die Umwelt und Spaß macht es noch dazu!

Spielzeug: Im Kinderzimmer türmt sich das Spielzeug zu Bergen auf und oft spielen die Kinder nur mit einem kleinen Teil davon wirklich. Um die Spielzeugflut im Kinderzimmer einzudämmen, sind Leihspielzeuge und Spielzeugkisten eine tolle Möglichkeit. Wenn deine Kinder kein Interesse mehr an den Sachen haben, kannst du das Spielzeug einfach zurückgeben und dafür etwas Neues anfordern.

Babyausstattung: Die Babywippe, die Babytrage oder das Beistellbett benötigt ihr nur kurze Zeit, Reisebettchen oder Rückentrage nur für den Urlaub. Auch Babyausstattung könnt ihr günstig leihen.

Kleidung: Je kleiner das Kind, umso schneller ist es aus seiner Kleidung rausgewachsen. Es gibt mittlerweile einige Anbieter, bei denen du Baby- und Kinderkleidung mieten kannst.

Partyausstattung: Wenn bei euch der nächste Kindergeburtstag ansteht, könnt ihr das Equipment wie große Dekoelemente, Kostüme oder Spielsachen ganz einfach ausleihen.

Bücher: Auch Kinderbücher kosten Geld. Da kann ganz schön was zusammenkommen. In der örtlichen Bibliothek gibt es Bücher für jedes Alter auszuleihen.

Geräte: Auch bei Werkzeugen und manchen Küchengeräten gilt: Man muss nicht alles selbst besitzen – sinnvoller ist es, Bohrmaschine, Leiter, Waffeleisen, Fondue-Set und auch die Nähmaschine mit Nachbarn hin und her zu tauschen. Vielleicht habt ihr Lust, eine Tauschbörse oder ein Verzeichnis zu organisieren, in dem jeder angibt, was man bei ihm ausleihen kann. So spart ihr nicht nur Geld, sondern kommt mit vielen Leuten in eurer Umgebung in Kontakt und legt vielleicht sogar den Grundstein für neue Freundschaften.

DIY – Pikler Dreieck für Kleinkinder

Es gibt Spielsachen, die begleiten ein Kind lange Zeit, weil sie sowohl schön anzusehen, als auch langlebig und variabel einsetzbar sind. Solch ein Spielzeug ist das Kletterdreieck aus Holz nach der Emmi-Pikler-Kleinkindpädagogik. Dieses Dreieck lädt die Kinder dazu ein zu erleben, zu entdecken und zu lernen. Es ist ein wirklich tolles Spielzeug für Kinder ab ca. anderthalb Jahren, das freies Spiel erlaubt und die Bewegungsentwicklung fördert.

Das Dreieck kann nicht nur zum Klettern genutzt werden, sondern kann durch eine Decke zu einer Kuschelhöhle oder zu einem Tunnel umfunktioniert werden.

Der Bau dieses Dreiecks ist ein anspruchsvolleres Projekt, das etwas mehr Zeit und Können erfordert. Falls euch das zu schwierig erscheint, wäre das doch eine tolle Idee für ein Gemeinschaftsprojekt mit einem handwerklich begabten Opa, Onkel oder Nachbarn.

Bestimmt kennt ihr jemanden, von dessen Wissen und Erfahrung ihr profitieren könntet und dem ihr damit im Gegenzug das wunderbare Gefühl, gebraucht und geschätzt zu werden, vermitteln könnt. Eine Einladung zum anschließenden Essen wäre dann ein toller Abschluss eures gemeinsamen Projektes.

DAS BRAUCHT IHR DAFÜR: DIY

- Rundholzstäbe mit 3 cm Durchmesser (unsere sind 1 m lang)
- 6 Holzbretter (unsere sind jeweils 3 cm stark, 10 cm breit und 110 cm lang)
- Schrauben
- Holzleim

Und so geht's:

- Achtet darauf, dass das fertig aufgebaute Dreieck auch noch durch die Türen passt. Ihr könnt die Größe natürlich an eure Bedürfnisse und Platzverhältnisse anpassen.
- Stellt aus jeweils drei Brettern zwei gleichseitige Dreiecke her. Sägt dazu die aufeinandertreffenden Kanten im passenden Winkel zu und schraubt die Bretter aneinander fest.
- Bohrt an jeweils zwei Brettern die Löcher für die Rundhölzer vor. Bei uns liegen sie in einem Abstand von 15 cm zueinander.
- Gebt zunächst Holzleim in die vorgebohrten Löcher eines Dreiecks und steckt die Rundholzstäbe ein, danach in die des zweiten Dreiecks. Alles gut trocknen lassen, bis der Leim anzieht.

Woche 42

Gute Gewohnheiten – Erntedank mit Tauschbörse

Der Herbst mit seiner reichen Erntefülle ist eine gute Zeit, um Danke zu sagen für die Gaben der Natur. Habt ihr einen Garten mit Blumen, Kräutern, Obst oder Gemüse? Dann feiert doch mit Nachbarn und Freunden ein kleines Erntedankfest.

Es gibt so vieles, wofür man dankbar sein kann. Dafür, genug zu essen zu haben und darüber hinaus eine Heimat, einen schönen Platz zum Wohnen, eine Familie, Freunde, Gesundheit und einen schönen Garten.

Solch ein Erntedankfest bietet außerdem einen schönen Rahmen, um sich mit anderen Hobbygärtnern im Familien- und Freundeskreis oder aus der Nachbarschaft zu vernetzen, Tipps zu geben und zu bekommen und Pflanzen, Samen oder andere Gartenartikel zu tauschen.

Ob ihr euren Garten umgestalten möchtet und dafür neue Pflanzen benötigt oder einige Zöglinge, für die im eigenen Haus und Garten kein Platz mehr ist, abzugeben habt, so eine Tauschbörse bietet für alle Vorteile. Das Angebot kann von Samen, Gemüse, Stauden, Sträuchern, Bäumen, Zwiebelgewächsen und Kräutern bis hin zu Gartenartikeln wie Zeitschriften, Büchern, Werkzeugen, Möbeln und Sonstigem reichen.

Wir haben übrigens die Erfahrung gemacht, dass Pflanzen, die aus Gärten unserer Region stammen, sehr viel besser gedeihen als gekaufte Container-Pflanzen, deren Herkunft man nicht kennt.

Unter dem Motto „bringen und holen“ findet ihr bestimmt dankbare Abnehmer und ihr könnt euch selber mit noch fehlenden Pflanzen eindecken. Bei Kaffee und Gebäck könnt ihr miteinander ins Gespräch kommen und Gartenerfahrungen austauschen. Eine schöne Gelegenheit, auch Nachbarn kennenzulernen, mit denen ihr bisher wenig Kontakt hattet.

DIY – Klemmbretter

Sie sehen superdekorativ aus und sind außerdem praktisch: Klemmbretter. Sie sind so vielseitig. Du kannst sie überall dort verwenden, wo du es gerade brauchst.

Mit ein paar Bildern bestückt ersetzen sie ohne Weiteres einen Bilderrahmen. Im Internet findest du jede Menge passende Bilder, die schnell ausgedruckt sind und so ganz rasch zu einer abwechslungsreichen Dekoration verwendet werden können, die kaum etwas kostet.

Auch für den wöchentlichen Speiseplan oder Einkaufszettel in der Küche eignen sie sich hervorragend. Sehr schön ist ein selbst gemachtes Klemmbrett auch als Geburtstagsgeschenk oder kleines Mitbringsel.

DIY

DAS BRAUCHT IHR DAFÜR:

- Tischlerplatte in deiner Wunschgröße (z. B. 24 x 36 cm)
- Briefklemmen
- Malerkrepp
- Farbe (Kreidefarbe oder Acrylfarbe)

Und so geht's:

- Tischlerplatte im Baumarkt auf die gewünschte Größe zuschneiden lassen. Das Brett sollte etwas größer als das Papier sein, das man darauf befestigen möchte. Schön sieht es aus, wenn man seitlich jeweils 1,5 cm Platz lässt, oben und unten jeweils 3 cm. Für ein DIN-A4-Blatt wären es dann 24 x 36 cm.
- Briefklemme oben mittig auf das Brett schrauben.
- Mit Malerkrepp ein Streifenmuster oder asymmetrisches Muster auf das Brett kleben.
- Das Brett in der gewünschten Farbe anmalen. Die Stellen, die vom Malerkrepp bedeckt sind, bleiben holzfarben.
- Sobald die Farbe getrocknet ist, Malerkrepp abziehen – fertig!

Woche 43

DIY – Wolkenfußmatte

Diese hübsche Fußmatte begrüßt euch und eure Gäste und stimmt euch schon an der Tür auf euer gemütliches Zuhause ein.

DAS BRAUCHT IHR DAFÜR: DIY

- einfache Fußmatte aus Kokosfasern
- weiße Farbe (Acryl oder spezielle Teppichfarbe)
- Pinsel
- Teppichmesser

Und so geht's:

- Zuerst dreht ihr die Fußmatte um und malt den Umriss der Wolke auf die Rückseite.
- Dann schneidet ihr den Umriss mit dem Teppichmesser aus.
- Dreht die Matte wieder um und tupft die Farbe am Rand entlang auf.
- Trocknen lassen – und fertig!

Ordnung – Capsule Wardrobe

Wäre es nicht wunderbar, nur noch Kleidungsstücke zu besitzen, die vielseitig miteinander kombinierbar sind, die du alle liebend gerne trägst und die perfekt zu dir und deinem Leben passen? Dann erstelle dir deine persönliche Capsule Wardrobe – eine Garderobe, die aus wenigen ausgewählten Teilen besteht, die sich vielseitig miteinander kombinieren lassen. Und so geht's:

Schritt 1: Aussortieren

Räume deinen Schrank komplett aus. So kannst du frisch starten. Jetzt machst du vier Stapel:

- Stapel 1: Sachen, die du liebst, die dir gut passen und die du regelmäßig trägst. Diese Sachen sind deine Lieblingssachen. Sie kannst du später zurück in deinen Schrank räumen.
- Stapel 2: Sachen, bei denen du dir unsicher bist. Packe sie in einen Karton und warte 30 Tage. Wenn du bis dahin nichts davon vermisst hast, spende das komplette Paket – ungeöffnet.
- Stapel 3: Sachen, die nicht passen, oder die du nicht besonders magst, die aber noch in Ordnung sind. Auch diese Klamotten kannst du spenden.
- Stapel 4: Sachen, die kaputt oder sehr abgetragen sind. Diese Klamotten kannst du entsorgen.

Schritt 2: Wähle Farben, Schnitte und Materialien

Nun sieh dir die verbliebenen Kleidungsstücke an. Erkennst du Gemeinsamkeiten? Welchen Stil, welche Farben, Muster und Materialien finden sich in deinen Lieblingsstücken? Eine Garderobe, die zu dir und deinem Leben passt und in der du dich täglich wohlfühlst, sollte auch dein Stilempfinden reflektieren.

Du kannst nun eine bestimmte Anzahl an Teilen festlegen, die deine zukünftige Capsule Wardrobe enthalten soll. Das ist nicht unbedingt notwendig, ist aber für viele Leute hilfreich.

Schritt 3: Beschränke dich auf zwei bis drei Marken bzw. Klamottenläden

Wenn du dir das Klamottenshoppen künftig leichter machen willst, beschränke dich auf zwei bis drei Anlaufstellen. Wenn du genau weißt, was du willst, brauchst du nicht viel Auswahl, sondern nur die richtigen Anlaufstellen und kannst entspannt einkaufen, ohne dich von zu viel Auswahl stressen zu lassen.

Schritt 4: Lerne von den Profis

Schaue dir genau an, wie die Stylisten deiner Lieblingsmarken die Stücke aus der aktuellen Kollektion miteinander kombinieren, z. B. in deren Newsletter oder auf ihrer Webseite in den Lookbooks. Achte dabei auf die Details, wie aufgerollte Ärmel, oder welche Art von Schuhen mit welchem Hosenschnitt kombiniert werden.

Schritt 5: Investiere in die Basics – Qualität vor Quantität

Ersetze fehlende Teile in deiner Capsule Wardrobe lieber Stück für Stück und kaufe dir ausschließlich die beste Qualität, die du dir leisten kannst. Gerade bei den Basics wie Jeans oder Cardigans. Wenige Teile, in denen du dich einfach großartig fühlst, sind mehr wert als ein ganzer Kleiderschrank voll von mittelmäßigen Sachen. Ab jetzt keine Kompromisse mehr!

Schritt 6: Stelle Outfits zusammen

Damit du jetzt nicht ständig überlegen musst, was miteinander kombinierbar ist, nimm dir etwas Zeit, um dir ein paar schöne Outfits zusammenzustellen. Zieh sie an, fotografiere dich mit dem Handy vorm Spiegel ab und speichere die Fotos oder drucke sie sogar aus und hänge sie in oder an deinem Kleiderschrank auf. Damit hast du eine schöne Auswahl an Looks, aus denen du an Tagen, an denen dir einfach nichts einfallen will, ganz leicht ein tolles Outfit aussuchen kannst. Definitiv lebensrettend an einem stressigen Morgen. Deine Kleidung für den Tag auszusuchen geht ratzfatz und mit gut passenden, qualitativ hochwertigen Kleidungsstücken fühlst du dich jeden Tag gut angezogen.

Woche 44

Ordnung – Nebenbei Ordnung schaffen

Ein ordentliches Zuhause ist einfach hyggelig. Ordnung schaffen und halten, muss aber nicht stundenlange Arbeit bedeuten.

So kannst du ganz nebenbei Ordnung halten:

Täglich eine Kleinigkeit putzen.

An einem Tag in der Woche reinigst du die Badewanne, an einem anderen Tag den Kühlschrank und am dritten Tag kümmerst du dich um deine Zimmerpflanzen: Teilst du anfallende Arbeiten auf und erledigst täglich etwas davon, hast du am Ende der Woche schon sieben Arbeiten erledigt. Das Tolle daran: Es fühlt sich nicht nach viel Arbeit an, macht in der Summe aber viel aus.

Nie mit leeren Händen gehen.

Immer wenn du von einem Raum in einen anderen gehst, schaust du dich kurz um, ob du etwas mitnehmen und an seinen Platz bringen kannst. Das klappt natürlich auch über mehrere Stockwerke. Alles, was nach oben gehört, sammelst du am Fuß der Treppe, z. B. in einem Korb. Wenn du dann nach oben gehst, nimmst du den Korb mit nach oben. Eine kleine Gewohnheit, mit der du im Lauf des Tages so einiges wegschaffst.

DIY – Kuschelplatz für Katzen

Katzen sind unsere Lieblinge und längst vollwertige Familienmitglieder. Und als solche verdienen auch sie ein besonders hyggeliges Plätzchen.

Katzen schlafen bekanntlich gern und viel. Viele Stunden am Tag verbringen sie mit Tagträumen, Nickerchen und Tiefschlaf. Ihr Schlafplatz vermittelt ihnen idealerweise ein Gefühl der Sicherheit und Geborgenheit. Er sollte kuschelig weich und warm sein und nur der Katze allein gehören.

Die meisten der Haustier-Betten, die du in den Zoohandlungen oder Möbelgeschäften findest, sind aus Kunststoff und passen oft nicht zum Stil der restlichen Einrichtung eures Zuhauses.

Einen ganz individuellen Kuschelplatz für Katzen zu bauen, geht dabei recht einfach und schnell. Achtet darauf, wo sich eure Katze zum Schlafen am liebsten aufhält. Dort richtet ihr für sie einen gemütlichen Schlafplatz her.

DAS BRAUCHT IHR DAFÜR:

DIY

- Holzlatten (unsere haben die Maße: 45 mm x 28 mm), davon:
  - 5 Stück mit 60 cm Länge
  - 8 Stück mit 40 cm Länge
  - 4 Stück mit 28 cm Länge (beide Seiten mit einem Winkel von 45 Grad Gehrung)
- Schrauben
- Schaffell oder Kissen
- Lichterkette

Und so geht's:

- Sägt die Latten in der entsprechenden Länge zu und schleift die Kanten ab.
- Schraubt dann zweimal jeweils vier Latten mit 40 cm Länge zu einem Rechteck zusammen. Diese beiden Rechtecke bilden die Vorder- und Rückseite des Häuschens. Die Latten bohrt ihr am besten vor, damit das Holz beim Schrauben nicht reißt.
- Verschraubt die Latten mit 60 cm Länge mit den beiden Rechtecken.
- Aus den abgeschrägten Latten zwei Giebel zusammenschrauben.
- Verbindet diese zum Schluss mit der letzten Latte mit 60 cm Länge.
- Jetzt könnt ihr das Häuschen mit Fell oder Kissen weich polstern und mit einer Lichterkette und einem Namensschildchen dekorieren.

Woche 45

Gute Gewohnheiten – Wochenroutine: Selbermacher-Samstag

Etwas mit den eigenen Händen zu schaffen, ist äußerst befriedigend. Selbst gebackener Kuchen ist viel hyggeliger als gekaufter. Aber auch Handarbeiten, sei es eine selbst gestrickte Mütze oder selbst genähte Kissenhüllen, erfüllen dich mit Glücksgefühlen. Selbst gebastelte Dekorationen oder selbst gestrichene oder sogar selbst gebaute Möbelstücke sind individuell und machen nicht nur beim Tun selbst, sondern auf lange Sicht sehr zufrieden. In solchen Gegenständen stecken jede Menge guter Erinnerungen.

Warum also nicht einen Nachmittag in der Woche, z. B. den Samstag, dem Selbermachen mit der ganzen Familie widmen?

Das Schöne an solchen gemeinsamen Familienprojekten ist, dass jeder sich mit seinen Fähigkeiten und Neigungen einbringen kann. Ihr verbringt wertvolle Zeit miteinander und zeigt euren Kindern, dass die schönsten Dinge nicht gekauft werden können, sondern selbst gemacht sind. Zusammen zu werkeln und gemeinsame Ideen umzusetzen, schweißt euch als Familie noch enger zusammen. Ob drinnen oder draußen, ob kleines 30-Minuten-DIY oder großes Projekt über mehrere Wochen – die investierte Zeit lohnt sich. Vielleicht habt ihr Lust, ein paar nützliche Ordnungshelfer zu machen, oder ein paar Dinge zu gestalten, die euer Zuhause verschönern. Im Sommer zieht es euch vielleicht eher nach draußen in den Garten oder auf den Balkon. Auch einfach herzustellende Kosmetik (siehe Woche 8 und 24) oder selbst gemachte Putzmittel (siehe Woche 17) sind tolle Projekte, die ihr im Rahmen eures Selbermacher-Samstags umsetzen könnt.

Hier im Buch findet ihr bereits viele Anregungen und dank Internet gehen euch die Ideen so schnell bestimmt nicht aus.

DIY – Kinderbett „Bulli"

Jedes Kind braucht einen schönen, gemütlichen Rückzugsort, der zum Schlafen, Träumen und Kuscheln einlädt. Mit etwas Kreativität und Fantasie kannst du für dein Kind ein schlichtes Bett zu einem wahren Kindertraum umgestalten.

Ein Bett, mit dem man über Ozeane segeln kann oder in dem man sich wie ein echter Ritter oder eine Prinzessin fühlt – davon träumen kleine Abenteurer. Welches Hobby, welche Leidenschaft hat dein Kind? Welche Art von Bett würde dein Kind lieben? Die Vorlieben, Vorstellungen und Fantasien deines Kindes kannst du wunderbar in die Gestaltung des Bettes miteinbeziehen. Am einfachsten lässt sich ein Bett mit etwas Farbe umgestalten. Alternativ kannst du die Seitenwände des Bettes auch mit Wandfolie, ablösbaren Möbelstickern, Tapeten oder buntem Stoff beziehen. Auch mit Tafelfolie oder Tafelfarbe kannst du die seitlichen Platten am Bett kreativ gestalten, sodass tolle große Malflächen für dein Kind entstehen.

Kuschel-Feeling geben auch viele Kissen, besonders schön zum Beispiel aus bunten Stoffen mit außergewöhnlichen Drucken. Besonders gemütlich wird das Kinderbett, wenn es etwas Höhlen- oder Zeltartiges hat, z. B. durch einen Betthimmel.

Ein Kinderbett lässt sich auch mit ein paar zusätzlichen Holzlatten zu einem Betthaus umgestalten. Dafür baust du zum eigentlichen viereckigen Bettrahmen eine dreieckige Satteldach-Konstruktion auf (nach dem gleichen Prinzip wie beim Kuschelplatz für Katzen, siehe Woche 44).

Mit ein bisschen handwerklichem Geschick kannst du die simple Bettkonstruktion auch total verwandeln, z. B. in Schloss, Burg, Zelt, oder eben Bulli.

DAS BRAUCHT IHR DAFÜR:

DIY

- Sperrholzplatte in der gewünschten Größe
- Acrylfarbe oder Kreidefarbe
- Schrauben

Und so geht's:

- Nehmt eine Sperrholzplatte in der passenden Größe für z. B. eine Bettseite und befestigt diese mit einer Zwinge am Bett.
- Jetzt könnt ihr (evtl. nach einer Vorlage) das gewünschte Motiv frei Hand anzeichnen, in unserem Beispiel den Bulli.
- Löst die Platte wieder und sägt gewünschte Einzelteile aus. Einfacher ist es, wenn ihr bei der rechteckigen Form bleibt.
- Malt die Motive mit Acrylfarbe oder Kreidefarbe (für Spielzeug geeignet) aus.
- Schraubt die Sperrholzplatte und eventuelle Einzelteile am Bettrahmen fest – fertig!

Woche 46

Gute Gewohnheiten – Hygge-Liste Winter

Der Winter ist die hyggelige Zeit schlechthin. Mit den folgenden Ideen könnt ihr es euch besonders schön machen.

ANREGUNGEN FÜR HYGGELIGE AKTIVITÄTEN IM WINTER:

- Schlitten fahren
- Kekse backen
- Schlittschuh laufen
- Schneeballschlacht machen
- Punsch trinken
- Wunschzettel schreiben
- Schneemann bauen
- Lebkuchenhaus backen
- Heiße Schokolade trinken
- Weihnachtsbücher lesen
- Kerzen rollen
- Vögel füttern
- Einen Tag im Pyjama verbringen
- Papierschneeflocken basteln
- Ein Eishockeyspiel anschauen
- Weihnachtsfilme gucken
- Den Weihnachtsmarkt besuchen
- Ins Puppentheater gehen
- Ein Picknick im Wohnzimmer machen
- Eine Schneekugel basteln
- Skifahren lernen
- Weihnachtslieder singen
- Weihnachtsbaumschmuck basteln
- Ein Gesellschaftsspiel selbst erfinden

DIY – Plätzchen backen im Team

Plätzchen backen mit Kindern ist ein riesen Spaß und gehört in der Adventszeit unbedingt dazu. Es kann die Küche aber auch schnell in ein Schlachtfeld verwandeln. Mehr als ein bis zwei Sorten bekommt man da kaum zustande. Möchtest du gern ein bisschen mehr Abwechslung auf dem bunten Teller, aber nicht abends stundenlang alleine in der Küche stehen?

Dann verabrede dich mit Freunden zu einem oder mehreren Backabenden. So leicht und mit so viel Spaß hast du garantiert noch nie Plätzchen gebacken.

Und so geht's:

1. Zuerst geht es an die Auswahl der Rezepte. Ein guter Richtwert sind pro Abend zwei Sorten, jeweils eine zum Backen und eine ohne backen. Ideal ist es, wenn mehrere Personen gleichzeitig an den Plätzchen arbeiten können. Nachdem du das Rezept ausgewählt hast, rechnest du die Zutaten entsprechend hoch. Wenn ihr zu dritt seid, benötigt ihr jeweils die dreifache Menge. Dann besorgst du alle notwenigen Zutaten.
2. Damit ihr an eurem Backabend alle benötigten Utensilien und Geräte parat habt, legst du alles bereit, wie z. B. Handtücher, Backpapier, Alufolie und so weiter. Braucht ihr zusätzliche Backbleche, Ofengitter oder Backpinsel, bitte deine Gäste diese mitzubringen. Außerdem braucht ihr noch Plätzchendosen zum Transport nach Hause.
3. Nehmt euch nicht zu viel vor. Man unterschätzt gerne, wie viel Arbeit das Backen tatsächlich macht und wie viel Zeit man benötigt. Entscheidet euch am besten für relativ einfache Rezepte. Schließlich soll das Ganze ja auch Spaß machen und nicht in Stress ausarten.

4. Mach dir keine Sorgen, dass deine Küche zu klein ist – dekorieren geht auch am Küchentisch. Aber plane die Anzahl der Gäste realistisch. Bei zu vielen Personen lassen sich die Arbeiten auch nicht mehr gut verteilen.
5. Weihnachtslieder sorgen für Stimmung. Wähle ein paar schöne CDs aus oder erstelle eine Playlist.
6. Bereite einen Platz für die fertigen Plätzchen vor, an dem sie auskühlen können. Das geht gut auf dem Balkon oder der Terrasse.
7. Nun sorgst du noch für herzhafte Snacks (Süßes kann man nach all dem Backen nicht mehr sehen) und natürlich Getränke.
8. Viele Teige müssen nach dem Kneten noch für gewisse Zeit in den Kühlschrank. Darum kann es sinnvoll sein, einen solchen Teig bereits tagsüber vorzubereiten und dann mit den Gästen abends weiterzuverarbeiten.

Wetten, das wird ein toller Abend? Und das Ergebnis kann sich sehen lassen. Das ist Hygge pur!

Woche 47

DIY – Tassenwärmer aus Wollsocke

Heiße Getränke sind super hyggelig. Mit diesem kleinen DIY verbrennst du dir nie mehr die Finger an der heißen Tasse und dein Kaffee oder Tee bleibt länger schön warm. Außerdem sieht so ein Tassenwärmer hübsch aus und fühlt sich einfach kuschelig an. Ganz nebenbei kannst du prima Wollsocken verwerten, die schon etwas abgeliebt sind und vielleicht ein kleines Loch an den Zehen haben.

DAS BRAUCHT IHR DAFÜR: DIY

- eine Tasse
- eine Wollsocke
- Schere
- Nadel und Faden oder Stoffleim
- Knöpfe, Filz, Pailletten, Bommel etc. zum Verzieren

Und so geht's:

- Als Erstes Höhe der Tasse ausmessen.
- Nun den unteren Teil der Wollsocke abschneiden. Den oberen Teil, dessen Länge in etwa der Höhe der Tasse entsprechen sollte, aufheben.
- Socke auf die linke Seite wenden und einen Saum an der abgetrennten Stelle vernähen oder die Stelle mit Stoffleim bestreichen, damit sie nicht ausfranst.
- Wenn die Tasse einen Henkel hat, noch einen Schlitz dafür in die Socke schneiden. Auch hier die Ränder vernähen oder mit Stoffleim einstreichen.
- Jetzt könnt ihr den Tassenwärmer noch ganz nach Wunsch verzieren, bevor ihr ihn über die Tasse zieht.

Gute Gewohnheiten – Gute Nacht für Eltern und Kinder

Was ist hyggeliger, als in den gemütlichsten Schlafanzug zu schlüpfen und sich in ein weiches Bett zu kuscheln?

Kinder können nicht auf Knopfdruck abschalten und einschlafen. Die beste Vorbereitung auf eine ruhige Nacht sind viel Bewegung an der frischen Luft, eine entspannte Atmosphäre und ein ruhiger Abend.

Beginnt frühzeitig mit der Einstimmung auf das Schlafengehen. Schon die abendliche Routine wie das gemeinsame Abendessen in gemütlicher Atmosphäre, Schlafanzug anziehen, Zähneputzen, waschen oder baden sollten am besten immer in der gleichen Reihenfolge und jeden Abend ungefähr zur gleichen Zeit stattfinden. Für Kinder ist es doch das Schönste, von den Eltern zu Bett gebracht zu werden.

Richtet euren Schlafplatz extra schön und gemütlich ein. Wechselt mindestens alle zwei Wochen die Bettwäsche. Ein kuscheliger Bettvorleger fühlt sich beim Ins-Bett-Gehen sehr angenehm an.

So gestaltet ihr ein schönes und wirksames Zubettgeh-Ritual:

- Lasst den Tag langsam ausklingen. Damit der Übergang vom Tag zur Nacht für alle spürbar wird, ist es schön, alle Aktivitäten und auch die Lautstärke zu dämpfen sowie Fernseher und Radio auszuschalten.
- Nach dem Abendessen könnt ihr gemeinsam einen Kräutertee mit beruhigenden Kräutern trinken.
- Hängt eine schöne Lichterkette übers Bett oder nutzt eine dimmbare Nachttischlampe.
- Kuschelt euch gemeinsam ins Bett und lest noch eine Gutenachtgeschichte vor.

- Auch ein Gutenachtlied ist ein schöner Tagesabschluss.
- Sehr gemütlich ist es auch, einfach eine Weile zu kuscheln und einander die Erlebnisse des Tages zu erzählen.
- Mischt euer eigenes „Schlaf gut!"-Kissenspray, für das ihr Lavendel und römische Kamille oder auch Rose und Vanille verwenden könnt.

Lavendel stärkt die Nerven, beruhigt und hilft Spannungen abzubauen. Er ist eine gute Einschlafhilfe für Kinder und kann für schöne Träume sorgen. Römische Kamille ist ein klassisches Heilmittel für Kinder und hilft aufgeregten Kindern, zur Ruhe zu kommen. Hilft garantiert auch gegen jedes Monster, das unterm Bett lauert!

DAS BRAUCHT IHR DAFÜR: DIY

- eine kleine Sprühflasche (50 ml)
- 3 Tropfen Lavendel
- 3 Tropfen römische Kamille
- Wenn ihr mögt, kann noch eines dieser Öle dazu: 2 Tropfen Rose oder Vanille

Und so geht's:

- Etwa 45 ml destilliertes Wasser in die Flasche füllen.
- Lavendel, Kamille und eventuell Rose oder Vanille zugeben.
- Die Sprühflasche vor Verwendung schütteln und in einigem Abstand das „Schlaf gut!"-Kissenspray über dem Bett und den Kissen sanft vernebeln.

Woche 48

Gute Gewohnheiten – Wochenroutine: Familiensonntag

Nach einer anstrengenden Woche ist es einfach schön, sich den Sonntag frei zu halten und ihn mit der ganzen Familie zu verbringen, etwas miteinander zu erleben und Spaß zu haben. Manchmal möchte man einfach mal gar nichts machen und sich durch den Tag treiben lassen.

Falls doch noch Langeweile aufkommen sollte, findet ihr hier ein paar Ideen für gemeinsame Unternehmungen:

- **Planetarium:** Gemeinsam ganz bequem das Weltall entdecken, erleben, wie neue Galaxien entstehen und Kometen am Himmel vorbeiziehen sehen.
- **Bootsfahrt:** Eine Fahrt mit einem Ausflugsboot über Fluss oder See, eine Runde Tretboot oder Kanu fahren. Es macht Spaß, die Welt vom Wasser aus zu bestaunen.
- **Zug fahren:** Bahnfahren ist für Kinder ein tolles Erlebnis. Ihr könnt für euren Wochenendausflug ja ein schönes Ziel aussuchen, das sich gut mit der Bahn erreichen lässt.
- **Freilichtmuseum:** Bauernhäuser, römische Siedlungen, altes Handwerk – zu sehen, wie die Menschen früher gelebt haben, ist für die ganze Familie spannend und ihr lernt immer was dazu.
- **Museum:** In manchen Museen gibt es spezielle Führungen für Kinder und Erwachsene. Ideal ist es, wenn Kinder an der einen oder anderen Stelle selbst aktiv werden dürfen.
- **Hochseilgarten:** Klettern, balancieren, mit Seilbahnen durch den Wald fahren – ein Riesenspaß für die ganze Familie. Bei Regenwetter könnt ihr euch stattdessen in einer Kletterhalle auspowern.

Ordnung – Adventszeit ohne Stress

Alle Jahre wieder sorgt Weihnachten bei dir für Stress ohne Ende? Statt Vorfreude spürst du nur Anspannung und Zweifel, wie du die ganzen Vorbereitungen schaffen sollst? Ob alles rechtzeitig fertig ist und du auch nichts vergessen hast?

Damit stehst du nicht allein. Für viele Menschen bedeutet die (Vor-)Weihnachtszeit Stress pur, und sie sind froh, wenn alles wieder vorbei ist und der Alltag einkehrt. Aber es gibt Hoffnung. Vorweihnachtsstress muss nicht sein. So kannst du die Advents- und Weihnachtszeit ganz entspannt genießen und trotzdem alles rechtzeitig fertig bekommen:

- **Beginne rechtzeitig:** Im November kannst und willst du noch gar nicht an Weihnachten denken? Solltest du aber: Wenn du dir erst auf den letzten Drücker Gedanken zu Geschenken, Dekorationen und Weihnachtspost machst, tappst du garantiert in die Stressfalle. Jetzt ist die perfekte Zeit, sich grundlegende Gedanken zu den bevorstehenden Feiertagen zu machen. Schreibe an einem gemütlichen Nachmittag mit den Kindern zusammen einen Wunschzettel ans Christkind oder den Weihnachtsmann.
- **Lasst den Familienrat tagen:** Überlegt gemeinsam, wie und mit wem ihr Weihnachten verbringen möchtet. Denkt darüber nach, was euch wichtig ist und welche Traditionen ihr gerne weiterführen möchtet. Sehr hilfreich ist es, sich daran zu erinnern, was im vergangenen Jahr besonders gut lief und was ihr auf keinen Fall wieder machen wollt. Es ist oft erstaunlich, wie viel selbst kleine Kinder hierzu schon beitragen können, wenn man sie nach ihrer Meinung fragt.

- **Plane gründlich:** Erstelle eine Geschenkeliste, auf der du alle Personen einträgst, die du beschenken willst und das entsprechende Geschenk. Dazu trägst du ein, wo und bis wann du dieses besorgen wirst. So hast du stets den Überblick und kannst nicht versehentlich jemanden vergessen.
- **Lege einen Weihnachtsordner an:** Hier sammelst du Rezepte, Deko- und Bastelideen. Diesen Ordner kannst du künftig jedes Jahr wieder zur Hand nehmen. So musst du nicht jedes Mal bei null anfangen.
- **Aufgaben delegieren:** Du musst nicht alle Vorbereitungen allein stemmen. Sprich im Vorfeld mit der Familie ab, wer welche Aufgaben übernimmt und erstelle dann den Arbeitsplan. Vergiss nicht, deine Kinder mit einzubeziehen. Gerade sie sind oft mit Feuereifer dabei und stolz, wenn sie mithelfen dürfen. Oft freuen sich Gäste auch, wenn sie etwas zum Festessen beitragen und z. B. ein Dessert mitbringen dürfen.
- **Nimm dir nicht zu viel vor:** Wenn es dich stresst, Weihnachtskarten zu basteln – dann kaufe sie oder schreibe E-Mails. Wenn es dich stresst, Plätzchen zu backen – dann kaufe welche, oder genieße die von Oma. Wenn es dich stresst, ein tolles Weihnachtsmenü zu planen und vorzubereiten – dann entscheide dich für ein Essen mit wenig Vorbereitungszeit. Wenn es dich stresst, einen tollen Adventskranz zu basteln – dann schaue nach einfacheren Optionen. Das bedeutet nicht, dass du lieb gewonnene Rituale über den Haufen werfen sollst. Aber entscheide dich da für neue Möglichkeiten, wo es dich nervt, stresst und an die Belastungsgrenze bringt.
- **Setze dich nicht selbst unter Druck:** Es kann und muss gar nicht alles perfekt sein. Viel wichtiger als 5-Gänge-Menü und handgebastelte Deko ist es, dass du und deine Familie die schönste Zeit des Jahres in Ruhe oder trubeliger Heiterkeit, aber auf jeden Fall nach euren eigenen Vorstellungen genießen könnt. Mit weniger Hetze und mehr Kerzenlicht, mit weniger kaufen und stattdessen mehr Zeit schenken, mit weniger Stress und mehr Hygge.

Woche 49

Gute Gewohnheiten – Lasst die Dinge langsam angehen

Unser Alltag ist oft furchtbar hektisch, eng getaktet und durchgeplant. Bereits unsere Kinder haben viel zu oft einen übervollen Terminkalender. Die vermeintlich wichtigen und sinnvollen Aktivitäten, mit denen wir unsere Kinder fördern wollen, sind gut gemeint. Aber auch bei der Freizeitgestaltung ist weniger oft mehr. Es tut niemandem gut, immer beschäftigt zu sein und nie Zeit übrig zu haben.

Es lohnt sich, über Folgendes nachzudenken:

- Wenn eure Kinder keinen freien Nachmittag mehr haben, um Freunde zu treffen, die Oma zu besuchen, mit den Nachbarskindern zu spielen, oder einfach vor sich hin zu träumen, läuft etwas falsch. Förderung ist toll und wichtig, aber genügen nicht ein oder zwei feste Termine in der Woche pro Kind?
- Die Zeit, in der die Kinder klein sind, ist endlich – genießt öfter mal den Augenblick mit ihnen, erkennt seine Kostbarkeit und bewahrt ihn auf in eurer „Schatzkiste der Erinnerungen".
- Nehmt so oft wie möglich das Tempo raus, lasst euch und die Kinder zur Ruhe kommen. Eine kleine Mittagsauszeit hilft allen, sich ausgeruhter, kreativer und glücklicher zu fühlen.
- Das Leben besteht nicht nur aus To-do-Listen und Pflichten. Plant für jeden Tag genug Leerlauf und Pausen ein, in denen die ganze Familie durchatmen und entspannen kann.
- Schaltet Handys und Tablets zu festen Zeiten aus und ladet eure eigenen Batterien wieder auf – mit Zeit, die ihr gemeinsam oder jeder für sich verbringt.
- Es geht nicht alles gleichzeitig, darum sagt öfter mal „Nein" zu allem, was euch von dem abhält, was euch wichtig ist.

DIY – Papiertüten als Ordnungshelfer

Für jedes Ding einen Platz und jedes Ding an seinen Platz. So lautet eine wichtige Ordnungsregel.

Aufbewahrung kann nicht nur praktisch, sondern gleichzeitig auch schön sein. Du musst aber nicht viel Geld für Aufbewahrungslösungen ausgeben, sondern kannst stylische Ordnungshelfer aus Papier, sogenannte Paperbags, ganz einfach selbst machen.

DIY

DAS BRAUCHT IHR DAFÜR:

- Packpapier in der gewünschten Größe
- einen Karton, der in der Grundfläche der gewünschten Größe der Tüte entspricht
- weiße Acryl- oder Kreidefarbe
- einen schwarzen Faserstift

Und so geht's:

- Bemalt zunächst eine Seite des Packpapiers mit weißer Farbe und lasst sie gut trocknen.
- Am einfachsten ist die Herstellung eines Papiersacks, wenn ihr nun so vorgeht, als würdet ihr mit dem bemalten Papier einen Karton in der gewünschten Größe als Geschenk einpacken, nur dass ihr nach oben hin wesentlich mehr Papier habt. Die bemalte Seite liegt dabei außen.
- Wählt dafür einen Karton, der ungefähr der Bodengröße entspricht, die ihr für die Tüte haben möchtet.
- Klebt ihn am besten so zu, dass er unten ein wenig schmaler ist und nach oben etwas breiter wird, dann könnt ihr zum einen den Karton nachher besser rausziehen und zum anderen die Tüte oben besser umschlagen.
- Faltet den Boden und verklebt ihn ordentlich. Die andere Öffnung bleibt offen.
- Bevor ihr das Papier vom Karton abzieht, beschriftet oder bemalt den Sack nach Belieben.
- Zieht das Papier nun vom Karton und faltet die Öffnung zwei bis drei Mal vorsichtig um.

Woche 50

Gute Gewohnheiten – Abendroutine für Kinder, Checkliste mit Bildern

Nicht nur für Erwachsene ist es hilfreich, sich eine Routine für den Abend zu schaffen, die einem hilft, nichts Wichtiges zu vergessen und gut auf den nächsten Tag vorbereitet zu sein. Auch Kinder können durch solch eine Routine Halt und Sicherheit erfahren. Nebenbei zeigst du deinen Kindern damit, wie gute Gewohnheiten das Leben leichter machen. Als Pendant zur Morgenroutine hilft die Abendroutine deinen Kindern, ihren Tag in einem vorhersehbaren sicheren Rahmen abzuschließen.

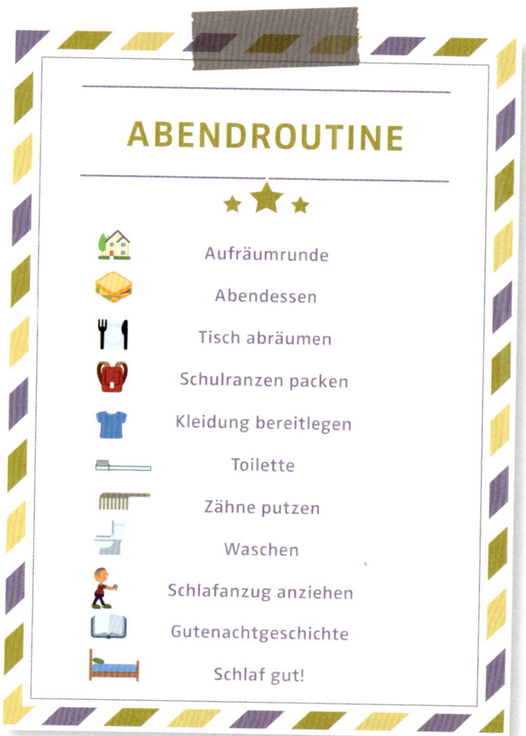

DIY – Kerzen rollen aus Bienenwachs

Mit Kerzen schaffst du im Handumdrehen eine hyggelige Stimmung. Bienenwachskerzen im Speziellen verbreiten nicht nur ein angenehmes Licht und sehen toll aus, sondern sie duften auch noch ganz wunderbar. Du kannst sie ganz einfach mit deinen Kindern gemeinsam herstellen, und sie machen sich auch sehr gut als Weihnachtsgeschenk.

DAS BRAUCHT IHR DAFÜR: DIY

- Bienenwachsplatten
- Kerzendocht
- Fön

Und so geht's:

- Wärmt je eine Platte mit einem Fön leicht an, damit sie geschmeidiger wird, sich leichter verarbeiten lässt und nicht so schnell bricht.
- Anschließend legt ihr den Docht auf die kurze Seite der rechteckigen Platte, lasst ihn an einer Seite etwa zwei Zentimeter länger hervorschauen und drückt ihn etwas ins Wachs.
- Jetzt rollt ihr ihn gleichmäßig und mit leichtem Druck eng ein.
- Ist die Platte fertig aufgerollt, drückt ihr die Naht leicht an, damit die Kerze schön hält.
- Ihr könnt die Wachsplatten natürlich auch diagonal schneiden und dann die lange Seite zur kurzen rollen. Dadurch entsteht beim Wickeln ein dekorativer Rand, der sich von der Spitze der Kerze bis zum Fuß hinunterwindet.
- Habt ihr mal zu locker gerollt, lässt sich die Platte schnell wieder aufrollen, um das zu korrigieren.

Kerzen aus Bienenwachs brennen übrigens langsamer ab als solche aus synthetischem Wachs – so relativieren sich die etwas höheren Kosten für die Wachsplatten schnell wieder.

Woche 51

Gute Gewohnheiten – Jahresrückblick

Wenn sich das Jahr dem Ende zuneigt, könnt ihr euch einmal bewusst Zeit für einen Rückblick auf die vergangenen zwölf Monate nehmen. Erinnert euch daran, was ihr erlebt habt, welche Träume sich erfüllt haben, welche Überraschungen das Leben euch bereitet hat und welche Menschen ihr getroffen habt.

Du und deine Lieben, ihr könnt euch dafür in dieser Woche einmal zu einem Jahresrückblick zusammensetzen:

- Legt euch dazu ein großes Blatt und bunte Stifte in die Mitte.
- Jeder darf nun überlegen, was er in diesem Jahr Schönes erlebt hat und es auf das Blatt schreiben. Kleinere Kinder können es aufmalen. Es ist wie eine gemeinsame Collage, die aus vielen, vielen Bausteinen entsteht.
- Es tut einfach gut, sich zusammen die kleinen und großen Momente nochmals in Erinnerung zu rufen.
- Am Ende des Jahres entsteht durch dieses gemeinsame Erinnern eine wunderbare Stimmung aus Freude und Dankbarkeit. Diese könnt ihr miteinander teilen, indem ihr euch gegenseitig sagt, für was ihr dankbar seid.
- Euch wird durch das Zusammentragen von Momenten des vergangenen Jahres bewusst, wie ereignisreich dieses Jahr doch war.
- Vielleicht gewinnt ihr auch Einsichten, die ihr für das kommende Jahr nutzen könnt.
- Dieses Ritual kann für euch ein bereichernder Jahresabschluss und gleichzeitig ein schöner Start in ein neues Jahr sein.
- Das fertige Blatt könnt ihr an einem Ehrenplatz noch für eine Weile aufhängen.

DIY – Heiße-Schokolade-Station

Heiße Getränke gehören in der kalten Jahreszeit unbedingt zu einer hyggeligen Stimmung dazu. Und nichts gibt einem so ein warmes, gemütliches Gefühl wie eine Tasse heiße Schokolade.

Stellt euch doch eine Heiße-Schokolade-Station zusammen, die in der Weihnachtszeit eure Küche verschönert. Sie sieht besonders hübsch und weihnachtlich aus und lädt die ganze Familie dazu ein, es sich am Nachmittag zusammen bei einer Tasse Kakao gemütlich zu machen.

DAS BRAUCHT IHR DAFÜR: DIY

- ein kleines Regal, eine Kiste oder ein Brett
- Tassen
- Aufbewahrungsgläser
- Teelöffel
- weihnachtliche Dekoartikel
- Dekoband
- Trinkkakao (gekauft oder selbst gemacht aus zwei Teilen Kakao und einem Teil Puderzucker)
- weitere Zutaten nach eurem Geschmack (Zuckerstreusel, Raspelschokolade, Zuckerstangen, Zimt, Sirup, Schokolinsen)
- Kekse und Plätzchen (gekauft oder selbst gebacken)

Und so geht's:

- Besonders hübsch sieht die Heiße-Schokolade-Station aus, wenn ihr sie auf mehreren Etagen anordnet. Deshalb könnt ihr eine Kiste oder ein Regal oder auch nur ein hübsches Brett, das auf zwei Tassen steht, als Unterkonstruktion benutzen. So könnt ihr in die Höhe dekorieren. Das spart Platz, und ihr könnt alle Zutaten schön in Szene setzen.
- Auf dieser Unterkonstruktion stellt ihr Tassen, Gläser, Löffel usw. zurecht und ergänzt das Ganze mit ein paar ausgewählten weihnachtlichen Dekoelementen.

Wenn ihr jetzt Lust auf eine schöne Tasse heiße Schokolade bekommt, braucht ihr nur noch heiße Milch (alternativ Pflanzenmilch) und habt ruck, zuck euer ganz persönliches Lieblingsgetränk zusammengestellt.

Woche 52

Gute Gewohnheiten – Kalender für ein neues Jahr

Was bedeutet ein Jahr, wie viel Zeit wird im Laufe dieses Jahres vorübergehen, wann findet welches Ereignis statt? Kinder müssen erst noch lernen, sich in der Zeit zu orientieren. Nutzt den Start in das neue Jahr, um mit den Kindern über die Zeit zu sprechen, und erstellt gemeinsam einen Kalender für das kommende Jahr.

Wie gliedert sich ein Jahr? Je nach Alter kennen eure Kinder die Abfolge der Jahreszeiten und der Monate. Doch wer weiß, welcher Monat wie viele Tage hat? Wann genau beginnen Frühling, Sommer, Herbst und Winter?

Besorgt einen Kalender, der euch ausreichend Platz für Eintragungen für alle Familienmitglieder und eventuell auch Fotos bietet. Tragt zusammen ein, was für euch wichtig ist, wie Geburtstage, Ferien, Feiertage, Feste, z. B. Fasching, Schulfest usw.

Neben euren persönlichen Festen und Terminen gibt es im neuen Jahr bestimmt eine Menge weitere Highlights. Welche besonderen Ereignisse kennen eure Kinder? Recherchiert gemeinsam nach besonderen Aktionen im näheren Umfeld: Gibt es ein Jubiläum? Planen örtliche Vereine interessante Aktionen für Kinder?

Je nach Interesse eurer Kinder könnt ihr den Kalender noch um verschiedene Informationen ergänzen, wie z. B.:

- Wann wird das Lieblingsobst der Kinder reif?
- Wann wird welches Gemüse geerntet?
- Wann blühen welche Blumen?

Dafür könnt ihr z. B. Fotos oder Bilder in den Kalender kleben.

Haltet den Kalender gemeinsam mit euren Kindern aktuell, so bleibt er für die Kinder das ganze Jahr über interessant. Neben einem Gespür für die verschiedenen Zeiträume vermittelt ihr den Kindern das gute Gefühl, an der Planung der Familie beteiligt zu sein.

DIY – Glück im Glas

Was bedeutet Glück für dich und deine Familie? Seid ihr vielleicht glücklich, ohne es wahrzunehmen?

Die vielen kleinen und großen Glücksmomente im Leben gehen oft viel zu schnell vorbei oder in der Hektik des Alltags unter. Damit euch das ab sofort nicht mehr passiert, könnt ihr mit diesem Glücksglas das Glück einfangen! Ganz nach dem Motto „collect moments, not things“ (Sammelt Erlebnisse, nicht Dinge) sammelt ihr es ein und könnt es euch immer wieder ins Bewusstsein rufen. Damit das neue Jahr gleich voller Glück und Zuversicht startet, könnt ihr euch ein wunderschönes Glücksglas basteln.

So ein Glücksglas eignet sich gerade zu Neujahr auch ausgezeichnet als Geschenk für liebe Nachbarn, Verwandte und Freunde.

DIY

DAS BRAUCHT IHR DAFÜR:

- Einmachglas oder großes Gurkenglas
- für das Etikett ein Stück Farbkarton oder hübsches Scrapbookpapier
- Material zum Verzieren nach Lust und Laune
- Zur Befestigung des Etiketts am Glas eignen sich Glue Dots, doppelseitiges Klebeband oder Schaumstoffklebeecken.
- Post-it-Block
- Schnur

Und so geht's:

- Messt aus, welche Größe das Etikett für euer Glücksglas haben soll und schneidet entweder einen Farbkarton passend zu, den ihr dann von Hand beschriftet, oder druckt euch die Beschriftung mit dem Drucker aus.
- Befestigt das Etikett am Glas.
- Locht den Post-it-Block, zieht ein Stück Schnur durch das Loch und befestigt den Block damit am Glas.
- Jetzt könnt ihr euer Glas noch nach Lust und Laune weiter verzieren.
- Schreibt ab sofort einfach eure schönsten Momente und Erlebnisse auf einen der Notizzettel. Das können zum Beispiel große Dinge, wie ein toller Urlaub sein, aber auch ganz kleine Dinge, wie ein Frühstück mit Freunden oder nette Aussprüche eurer Kinder. Den Zettel faltet ihr im Anschluss zusammen und legt in ihn euer Glas. Am Ende des Jahres habt ihr dann zahlreiche Glücksmomente im Glas gesammelt und könnt dann gemeinsam mit euren Lieben auf viele schöne Erlebnisse und Momente zurückblicken.

Mamasein für Anfänger

- Der ehrliche Ratgeber für werdende und frischgebackene Mamas
- #realtalk: Mamasein unzensiert
- Alles, was eine Mama wissen sollte: Was passiert bei der Geburt? Welche Belastungen kommen auf mich zu? Wie werden wir eine glückliche und zufriedene Familie?

Nele Hillebrandt

Mama sein

224 Seiten
14,5 x 21,5 cm, Softcover
ISBN 978-3-86910-644-1
€ 19,99 [D] / € 20,60 [A]

Der Ratgeber ist auch als eBook erhältlich.

Die besten Mama-Life-Hacks!

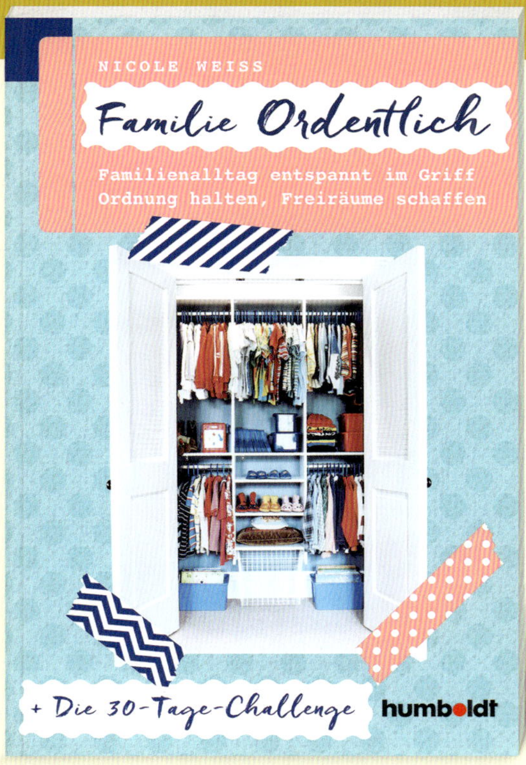

- Die besten Life-Hacks für Mamas von der Macherin des Erfolgs-Blogs „Familie Ordentlich"
- Endlich mehr Freude und Zufriedenheit für gestresste Mütter
- In 30 Tagen zum entspannten Mama-Dasein: weniger Chaos, mehr Zeit für Familie und sich selbst

Stand 2019 . Änderungen vorbehalten.

Nicole Weiß

Familie Ordentlich

208 Seiten, 80 Fotos
14,5 x 21,5 cm, Softcover
ISBN 978-3-86910-415-7
€ 19,99 [D] / € 20,60 [A]

Der Ratgeber ist auch als eBook erhältlich.

humboldt
...bringt es auf den Punkt.

Bibliografische Information der Deutschen Nationalbibliothek
Die Deutsche Nationalbibliothek verzeichnet diese Publikation in der Deutschen Nationalbibliografie; detaillierte bibliografische Daten sind im Internet über http://dnb.ddb.de abrufbar.

ISBN 978-3-86910-645-8 (Print)
ISBN 978-3-86910-646-5 (PDF)
ISBN 978-3-86910-647-2 (EPUB)

Die Autorin: Nicole Weiß zeigt Müttern, wie sie ihren Alltag organisieren können. Auf ihrem Blog „Familie Ordentlich" schreibt sie über alltägliche Herausforderungen wie die (Un-) Ordnung im Kinderzimmer oder im Kleiderschrank. Im Fokus steht die Frage: Wie schaffe ich möglichst unkompliziert ein gemütliches Zuhause, das zu mir und meiner Familie passt? Ihre Life-Hacks helfen Müttern, den Alltag zu organisieren und sich Freiräume zu schaffen. Für mehr Energie und für das, was ihnen wirklich wichtig ist: ihre Familie.

Fotos
Nicole Weiß: 15, 16, 17, 18, 19, 21, 22, 23, 25, 26, 29, 30, 32, 34, 36, 38, 41, 42, 43, 45, 46, 48, 50, 53, 54, 56, 58, 61, 62, 64, 66, 67, 70, 72, 74, 75, 77, 78, 81, 82, 84, 86, 87, 89, 90, 91, 92, 94, 97, 98, 100, 102, 104, 106, 108, 110, 113, 114, 115, 117, 118, 119, 120, 122, 124, 126, 127, 129, 130, 131, 132, 134, 135, 136, 138, 141, 142, 144, 146, 148, 149, 150, 152, 154, 157, 158, 160, 162, 163, 165, 166, 168, 170, 173, 174, 177, 178, 181, 182, 183, 185, 186, 187, 189, 190, 192, 194, 197, 198, 201, 202, 203, 205, 206, 208, 210, 212, 214, 215, 216, 218, 220, 222, 224
stock.adobe.com: Marina Zlochin: 28, 31, 36, 53, 59, 68, 88, 96, 99, 105, 107, 125, 127, 153, 155, 167, 168, 172, 175, 176, 179, 191, 199, 200, 207, 211, 223
Karolina Madej: 113, 133, 140

Originalausgabe

Eine Marke der Schlüterschen Verlagsgesellschaft mbH & Co. KG,
Hans-Böckler-Allee 7, 30173 Hannover
www.schluetersche.de
www.humboldt.de

Lektorat: Berit Lina Barth, Mössingen
Covergestaltung: ZERO, München
Covermotiv: shutterstock/Marish
Satz: PER MEDIEN & MARKETING GmbH, Braunschweig
Druck und Bindung: gutenberg beuys feindruckerei GmbH, Langenhagen